이철호
275

지은이 계윤식

1967년 4월 22일 서울에서 태어나 연세대학교 보건행정학과(86학번)를 졸업하였다. 〈천국으로 가는 길〉(2014), 〈꿈은 이루어진다〉(2010), 〈네 발가락〉(2002), 〈교도대〉(2000)를 감독하였으며, 「인연 만들기」(2014), 「천국으로 가는 길」(2014), 「등대지기」(2013), 「해바라기 집」(2011), 「꿈은 이루어진다」(2010), 「모닝콜」(2009), 「신은 아직도 살아 있다」(2007), 「조폭마누라 3」(2006), 「1/10,000 k」(2006), 「상동네 하동네」(2005), 「이철호 275」(2004), 「마이 홈」(2004), 「고인돌스토리 먼트」(2003), 「네 발가락」(2002), 「7일 전쟁」(2001), 「잎새」(2001), 「교도대」(2000), 「똑바로 살아라」(1997), 「한탕」(1996), 「슬픈 첼로를 위하여」(1996), 「돈을 갖고 튀어라」(1995) 등 다수의 각본을 썼다.

계윤식 시나리오집
이철호
275

© 계윤식. 2014

1판 1쇄 인쇄__2014년 03월 20일
1판 1쇄 발행__2014년 03월 30일

지은이__계윤식
펴낸이__양정섭
펴낸곳__작가와비평
　　　　등록__제2010-000013호
　　　　블로그__http://wekorea.tistory.com
　　　　이메일__mykorea01@naver.com

공급처__(주)글로벌콘텐츠출판그룹
　　　　대표__홍정표
　　　　편집__노경민 김현열 박가연　**디자인__**김미미　**기획·마케팅__**이용기　**경영지원__**안선영
　　　　주소__서울특별시 강동구 천중로 196 정일빌딩 401호
　　　　전화__02-488-3280　**팩스__**02-488-3281
　　　　홈페이지__http://www.gcbook.co.kr

값 12,000원
ISBN 979-11-5592-108-1 03680

이철호 275

계윤식 시나리오집

작가와비평

머리말

죽은 시나리오라는 것이 있다. 영화화되지 못한 작품을 일컫는데 개 중 상당히 매력적인 시나리오들이 많다. 단지, 현실과 조화를 이루지 못해 어쩔 수 없이 죽어야 하는 시나리오인데, 공교롭게도 이 죽은 시나리오들이 가끔 살아나는 경우가 있다. 드디어 현실과 조화를 이룰 수 있는 작품으로 재탄생하는 것이지만, 그렇게 다시 살아나다가도 또다시 죽어야 하는 시나리오도 속출한다....... 여기 죽어 있는 시나리오 하나를 끄집어낸다. 이 시나리오도 죽다 살아나다를 반복한 끝에 아직까지 긴 잠을 자고 있는 신세지만, 언젠가는 화룡월태의 모습으로 부활하는 날을 기다리며....... 책으로 출판을 반갑게 맞이한다.

〈이철호〉 시나리오는 모 영화사에서 영화 준비 중에 있었으며, 남북 첩보전이기 때문에 북한의 도움을 받아 평양에서의 촬영협조까지 끝낸 상태였지만, 안타깝게도 현실과의 괴리로 또다시 긴 잠을 자고 있는 시나리오다. 남북 이산의 아픔을 간직한 채, 한 민족이란 굴레를 뜨겁게 느낄 수 있는 작품으로, 이 글을 읽는 사람들에게 뜻깊은 한 편의 책, 더 나아가서는 한 편의 영화로 남고 싶은, 작가의 욕심이고 싶다.

주요등장인물

남한 정보원: 민규
북한 정보원: 희립
북한 유전공학박사: 다혜
일본 정보원: 다께시

[그 외 등장인물]
석두
초희
남한 국정부장
북한 보위부장
실장
조 박사
당 책임자
당 간부
케인
홍콩총수
마츠모토 박사
팀장

•이민규

냉철함과 뜨거운 가슴을 소유한 헤이즐넛 같은 남자

30대 초반/ 대한민국 서울 출생

고대 정치외교학과 졸업 후 국가정보원 소속.

반듯한 외모에 지적 환골,

여자들의 모성본능을 자극하는 가련 호감 스타일,

여릴 것만 같은 외모와는 반대로 섬세하고

실수를 용납하지 못하는 완벽주의자.

직업의식이 투철해 맞닥뜨린 상황에서 오점이란 있을 수 없다.

부닥친 문제를 결코 피해가지 않는 질주 의리파.

그리고 가슴이 따뜻한 남자.

때론 그것이 단점이지만 이 남자의 매력이다.

캐릭터

송희립

설원의 굶주린 백호 같은 남자

30대 중반/ 북한 함흥 출생.

김책 체육대학 졸업 후 정보부 소속.

외모에서 풍기는 이미지와 걸맞게 날카로움이 여미는 남자.

매우 이성적이며

사리분별이 명학, 주도면밀 신속 정확한 성격의 소유자.

하지만, 그 이면엔 매우 인간적이며 장난기가 넘치고

엉뚱한 구석이 많은 인물로

알면 알수록 눈길 한 번 더 주고 싶은 쾌남형 스타일이다.

눈빛이 살아 있어 마치 어둠 속에서 먹이를 노리는

호랑이를 연상케 하지만

때로는 연륜에서 오는 능글맞음도 있고,

여자 앞에선 왜 이리 나약한지....

그게 바로 이 남자의 약점이자 순수 매력이다.

정다혜

순수 속에 피어난 따듯한 백합 같은 여자

20대 후반/ 북한 평양 출생.

김일성대학 졸업 후 일본으로 유학.

당 간부의 딸로 별 어려움 없이 자란 온실 속의 화초.

전형적인 학자 스타일로

사고방식이나 행동에 있어서 양심적이며 도덕적인 인물.

하나, 사랑만큼은 쟁취하고 싶고 만져보고 싶은 조숙녀.

성적인 매력이 엿보이나 드러내지 않는 스타일.

그게 바로 남자를 자극하게 만든다.

캐릭터

다께시

서리가 내려앉은 일본도의 칼날 같은 남자

30대 중반/ 일본 동경 출생.
와세다대학 정치외교학과 졸업 후 정보부 소속.
행동이나 표정에 특별히 감정이 드러나는 일이 없고,
조용히 뒤에서 일을 처리하는 전형적인 정보원 스타일.
자신에게 주어진 일에 한 치의 오차도 없이
임무를 완수하는 프로 중에 프로.
하나, 그도 사람이기에 정이 남아 있다.

목 차

1991년 12월, 시베리아 횡단열차

씬1. 타이틀 백 (D)

"인류 역사상 가장 흉악한 업적인 핵폭탄 제조!
핵확산금지조약에 의해 더 이상 핵폭탄이 제조되고 있지 않지만, 그 어떤 무기도 핵폭탄만큼의 위력을 지닐 수 없기에 없는 자는 가지려 하고, 가진 자는 지키려 한다.
그러나 미래엔 핵폭탄보다 더욱 강력한 무기가 세계를 지배할 것이다.
그 무기의 도래를 알리는 서막이 지금 지구 도처에서 벌어지고 있는데......, 인류 역사상 가장 위대한 업적이, 바로 그 무기가 될 것이다."

(M. S. Egoi)

[실내 사격장]

〈 F.I 〉

위치하는 표적지.

시커먼 표적지에 새겨지는 총탄 자국....... 탕! 탕 타당!

귀마개를 한 국정원 요원들이 권총 사격을 하고 있다.

보무도 당당히 방아쇠를 당기는 민규.

Na   / (민규-) 국가정보원이 된 뒤 맡은 첫 임무에서 난, 잊을
           수 없는 사람들을 만났다.

[흰눈으로 뒤덮인 숲]

자그마한 움직임이 저편 끝으로 보인다.

달리는 열차.

#pro. 실내사격장

track in

[객실]

창밖으로 보이는 새하얀 숲.

시끌벅적거리는 승객들 소리.

보드카를 마시는가 하면,

그 와중에도 잠을 청하는 승객들도 보인다.

비추는 햇살, 따사로워 보인다.

[달리는 열차]

후미에 있는 화물칸에 맞추어지는 초점.

저편으로 보이는 터널을 향해 달리는 열차.

#pro. 횡단열차

follow/Pan

씬2. 화물칸 (D)

러시아 군인들과 아랍인들 간의 탄도미사일 거래 현장.
열심히 미사일의 구조를 살피는 아랍인들.
곧 생길 돈을 생각하는지 기분 좋은 러시아 군인들.

열차가 터널로 들어가자 햇빛이 차단된다.
전등빛 아래 탄두를 관찰하는 도중 순간 정전이 되면서....
피슝! 피슝! 피슝!
소음 권총소리와 함께
다급한 러시아어와 아랍어가 튀어나오고
드르륵! 드르륵!... 요란한 자동소총 소리도 합세하면서
암전 속에서 벌어지는 아비규환.

열차가 터널을 나오면서 창문을 통해 밝은 햇빛이 들어온다.
바닥에 널브러진 주검들.
어느 쪽을 향해 총을 겨눠야 할지
갈팡질팡거리는 러시아 군인들과 아랍인들.

출구 쪽에서 권총을 겨누고 있는 두 명의 북한 정보원.
그 중 희립의 모습에서 스톱모션
〈 자막 / 북한 인민무력부 소속 송희립 〉

입구 쪽엔 세 명의 남한 정보원이 권총을 겨누고 있으며
그 중 민규의 모습에서 스톱모션
〈 자막 / 대한민국 국가정보원 소속 이민규 〉

또다시 열차가 터널로 들어가면서 암전되어 버리자
피슝! 피슝! 드르륵! 드르륵!.......... 그리고 정적.
들리는 건 덜그럭 덜그럭거리는 기차바퀴 소리뿐.

〈 Ins / 터널
         터널을 나오는 열차. 〉

열차가 터널을 나오면서 창문을 통해 파고드는 햇빛.
탄도미사일을 사이에 두고

#2-C16 열차 화물칸

화면분할

서로를 향해 총구를 겨누고 있는 민규와 희립,
눈빛이 날카롭다.

주변엔 온통 주검들뿐.
아직 죽지 않은 한 러시아 군인이
권총 쥔 손을 서서히 올리는데....
그를 향해 방아쇠를 당기는 민규와 희립.... 피슝! 피슝!
그리고는 재빨리 서로의 얼굴을 향해 총을 겨눈다.
하나는 미제 권총이고, 다른 하나는 러시아제 권총.
서로 다른 권총이지만 공통점이 있다면
둘 다 노리쇠가 후퇴되어 있다.

누가 더 빠른지 시합이라도 하듯
재빨리 탄창 버튼을 누르는 두 사람.
빈 탄창이 빠져나가고 새로운 탄창이 결합되면서
노리쇠 후퇴 전진.
우열을 가리기 힘든 듯 동시에 서로를 겨눈다.
.... 그리고 찐한 눈빛.

탄두 쪽에 있는 민규와 유도칩 쪽에 있는 희립,
서로 목적하는 목표물이 틀린 듯 서서히 자리바꿈을 한다.
시신들을 넘어 천천히 발걸음을 옮기는 두 사람.
민규의 가쁜 숨소리, 이마에서 흘러내리는 땀방울....

긴장한 티가 물씬 풍긴다.

희립의 표정은 그저 담담.

희립   / 남조선 동무구만 기레.

민규   / 총을 버려라.

희립   / (쓴 미소) 후후! 나 같으면 기딴 소리 안 하갔어.

         .... **기냥 쏴버리제.**

'쏴버리제!'라는 말이 떨어지기 무섭게

터널로 들어가는 화물칸.

피슝! 피슝! 피슝! 피슝! .... 그리고 짧은 정적.

열차가 터널을 빠져나오자 환한 햇빛이 화물칸을 파고든다.

두 사람의 모습은 보이지 않고

덩그러니 놓여 있는 탄도미사일,

유도칩도 없고 탄두도 없는 몸통뿐이다.

〈 Ins / 숲

         터널을 빠져나온 열차가 숲을 향해 달려간다. 〉

씬3. 칸과 칸 사이 (D)

서로를 향해 권총을 겨누고 있는
민규와 희립의 차가운 눈싸움.
기차가 흔들리면 흔들리는 대로.
밖에서 밀어닥치는 눈보라 때문에
눈을 뜨고 있기 힘들어 보인다.

희립　　/ 신참 치곤 대담성 있어 좋구만.

이때 민규 뒤통수에 겨눠지는 총구.

다께시　　/ (日) 총을 버리시지.

(2-18열차화물칸

희립OS 3S

다께시의 모습에서 스톱모션
〈 자막 / 일본 비밀공안경찰 소속 다께시 〉

하나, 그것도 잠시.
다께시의 뒤통수에 겨눠지는 또 한 자루의 총구.

종수   / (日) 움직이면 뒤통수에 환기통을 만들어 주겠다.

서로 먹고 먹히는 관계 속에 밖에서 밀어닥치는 차가운 눈보라.
한 동안 아무런 말이 없더니 다께시가 미소를 짓는다.

다께시   / (日) 자네들이 잊고 있는 게 하나 있구만.
        잠시 후면 중국 영토를 지나가지.
        한데 중국은 살인 사건에 민감해.
        특히 국교 수립도 안 된 나라 사람한텐 더욱 더.

〈 Ins / 숲
      '중국 국경선 5Km'라 쓰인 이정표를
      지나쳐 가는 열차.〉

총구를 겨눈 채 천천히 자리바꿈을 하는 이들.
민규와 종수가 한곳에, 희립과 다께시가 다른 한곳에.
예전과 달라진 게 있다면

민규의 손엔 유도장치 칩이 쥐어져 있고
희립의 등엔 탄두가 담긴 색이 메어 있다.

'철커덕!' 하는 소리와 함께 열차와 분리되는 화물칸.
화물칸에 몸을 실은 민규와 종수.
이들의 사이가 점점 멀어지자 겨눈 총구를 거둔다.
희립이가 담배 한 가치 입에 물자
다께시가 라이터를 켜 불을 붙여준다.
후~! 내뱉는 담배연기.
눈보라 휘몰아치는 하늘을 바라보는 희립.

희립   / (큰소리로) **이만 날씨 구경하기 힘들디.**
         몸 조심하라요 남조선 동무들. 후후후!

눈보라 휘몰아치는 가운데
멀어지는 열차를 한 동한 바라보는 민규.

씬4. 기찻길 (D) ══════════════════════

'중국 국경선 1Km'라 쓰인 이정표 앞에
분리된 화물칸이 멈춰 선다..... 끼이익!
〈 자막 / 남한 정보원 2명 사망, 북한 정보원 1명 사망 〉
〈 F.O 〉

1993년 7월, 일본 도쿄

씬5. 공항 통제실 (N)

〈 F.I 〉

〈 Ins / 활주로

　　대한항공 여객기가 착륙을 시도한다. 〉

대합실을 나오는 사람들의 모습이 멀티비전에 출력된다.

개중 어느 한 화면이 커다랗게 출력되면

여행용 가방을 들고 걸어오는 민규의 모습이 잡힌다.

이를 바라보는 다께시.

Na　　/ (日, 다께시-) 느낌! 우리에겐 느낌도 하나의 무기나 다름

없다. 남한 정보원의 일본 행차라. 그것도 여행객 차림으
로...... 느낌이 꺼림칙할 수밖에 없었다.

씬6. 고층빌딩 앞 (N)

대기 중인 리무진.
차봉엔 이스라엘 국기가 걸려 있고...... 대사관 번호판.
주요인물처럼 보이는 사람이 경호원들의 경호를 받으며
리무진에 오른다.
떠나는 리무진.
그 뒤로 보이는 청소 대행업체 봉고차.

#6-C3 빌딩 앞

씬7. 사무실 (N)

이스라엘 국기와 기업 로고가 새겨진 출입문.
예의 출입문이 열리자 바라보는 두 명의 경비원,
진공청소기를 밀며 청소부원들이 들어오자
별것 아닌 듯이 보던 신문을 마저 보지만
진공청소기를 운전하는 사람은 다름 아닌, 희립이다.
피슝! 피슝!.... 쓰러지는 두 명의 경비원.
서로 맡은 바 일을 하기 위해 흩어지는 청소부원들.
희립은 저편으로 보이는 사장실로 향한다.

#6-52

씬8. 사장실 (N)

사장실 문을 열고 들어오다 찔끔 놀라는 희립,
책상 앞에 앉아 키보팅을 하는 종수의 모습이 보이자
재빨리 권총을 겨누지만 때는 늦는다.
희립의 관자놀이에 겨눠지는 민규의 총구.

민규   / 문을 닫으시지.
희립   / (문을 천천히 닫으며) 후후후!
        누군가 했더니 남조선 동무들이구만 기레.

종수의 빠른 키보팅.

#7-C3 복도

K·S

모니터엔 각종 무기 시스템 자료들이 출력되고,

복사탭이 100%를 향하고 있다.

이때 사무실에서 들리는 총소리...... 탕탕!.. 타당!

민규의 시선이 문으로 향하는 순간,

희립의 총구가 민규의 이마를 향한다.

또다시 서로를 겨누게 되는 두 사람 모습에서 스톱모션.

아이러니컬하게도 희립은 청소원 복장이고,

민규는 전기공사 직원 복장이다.

희립   / 목적이 같으면 나눠먹는 법이다.

민규   / (엷은 미소) 상황에 따라.

희립   / 후후! .... 그새 많이 컸구만 기레.

#8-C6 사장실

25/B.S

농담도 할 줄 알고 말이야.

(굳어지는 미소, 문고리를 잡는 한 손)

내 동료들이 죽고 있는데 이대로 있으란 말이네?

종수의 빠른 키보팅, 마지막 복사탭을 누른다.

....5%...10%....

민규 　　/ (미소뿐)

희립 　　/ (미간이 찌푸려진다.) 같은 동포인 줄 알았는데.

민규 　　/ 자네들은 항상 위급할 때만 동포를 찾더구만.

　　　　　(한손이 다른 문고리로 향한다.)

　　　　　평상시에 동포를 찾으면 좋을 텐데 말이야.

희립 　　/ (쓴 미소) 후후후!

#8-CII 사장실

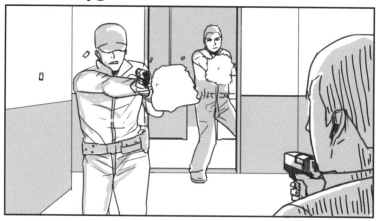

60%...70%...80%......

복사탭이 움직이는 동안 꼼짝도 하지 않는 두 사람.

복사탭이 100%에 향하면서 '삐익!' 알림소리가 들리자

마치 약속이라도 한 듯 문을 박차고 열면서

이스라엘 경호원들을 향해 방아쇠를 당긴다.

.....피슝! 피슝! 피슝!

쓰러지는 이스라엘 경호원들.

이미 죽어 있는 2명의 희립 동료.

그리고 보면 옆에 있어야 할 민규의 모습이 보이질 않자

창문으로 향하는 희립의 시선.

동그랗게 뚫려 있는 유리창.

#8-C13   Booms/Tilt down

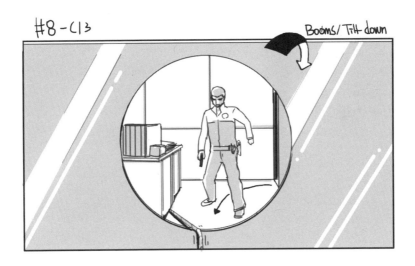

밧줄 하나가 팽팽 거리고 있자 고개를 내밀어 본다.

줄을 타고 내려가면서 총구를 겨누는 민규....... 피슝! 피슝!

희립   / (재빨리 몸을 피하며) **간나새끼!**

밧줄을 향해 방아쇠를 당기자 밧줄이 끊어진다.... 핑!

〈 <u>Ins / 건물 뒤</u>
    쓰레기 더미 위로 떨어지는 민규와 종수.
    저편으로 보이는 전기공사 차량. 〉

#8-S4 사무실안

Low/BS

씬9. 복도 (N) ━━━━━━━━━━━━━━━

비상구계단에서 모습을 드러내는 이스라엘 경호원들.
하나, 희립의 빠른 총 솜씨에 죽어 나간다..... 피슝! 피슝!
엘리베이터 층수계기판을 향해
방아쇠를 당기며 달려가는 희립.
다가가 문을 힘차게 열고는 무작정 몸을 던져 줄을 잡는다.
서서히 닫히는 엘리베이터 문.
그 후에야 비로소 부리나케 달려오는 다른 경호원들의 모습
이 보인다.

씬10. 건물 뒤 (N) ━━━━━━━━━━━━━━━

전기공사 차량으로 다가가는 민규와 종수.
하지만, 요란한 총소리에 후다닥 몸을 피한다.
빌딩 사무실에서 이스라엘 경호원들이
이들을 향해 총을 쏘는데....
하는 수 없이 다른 길로 접어드는 두 사람.

어느새 전기공사 직원 옷을 벗어 던지고는 말끔한 양복 차림
으로 뛰어간다.
뒤쫓아오는 이스라엘 경호원들.

씬11. 시장통 (N)

사람들로 북적거리는 시장통.
주변을 경계하며 걸어가는 민규와 종수.
끝내 이스라엘 경호원들에 발각된다.
이어 들리는 총소리.
시장통은 순식간에 난장판이 되어 버리고
끝내 종수가 이스라엘 경호원이 쏜 총탄에 맞는다.
민규에게 건네주는 디스켓.
하는 수 없이 민규는 종수의 주검을 앞에 놓고
저편으로 도망친다.

씬12. 뒷골목 (N)

이스라엘 경호원들의 끈질긴 추적 속에
민규도 허리에 총상을 입고 골목에 몸을 숨기는데....
그곳에서 마주치게 되는 희립.
또다시 서로를 향해 총구를 겨누게 되지만
뛰어오는 발자국 소리에 총구를 내리며 몸을 숨긴다.

뒷골목을 지나쳐 가는 이스라엘 경호원들.

허리에 부상을 입은 탓에 피가 배어나는 민규의 옷.
희립의 손에선 피가 흐른다. 총상을 입에 손수건으로 감싼 손.

희립   / (담배 한 대 입에 물며) 죽진 않갔군.
민규   / 그런 손으로 담배에 불이나 붙이겠나.
희립   / 기래서 묻는기야.
         (담배 한 대를 던져주며) 성냥 있으면 좀 달라우.

건네준 담배를 입에 물고 지포라이터를 켜는 민규,
희립의 담배도 붙여준다.
지포라이터 옆면에 'made in USA 1950'라 쓰인 글자를 보게
되는 희립.

#12-C3 뒷골목

2b/4.s

한 모금 길게 내 뱉는 두 사람.
지나갔던 이스라엘 경호원들이 샅샅이 주변을 살피며 다가오자

민규   / 살고 싶으면 빨리 뚜껑 열어.

발밑으로 보이는 맨홀뚜껑.
피가 흐르는 오른손을 들어 보이는 희립.

희립   / 손이 멀쩡한 자네가 열라우.

하는 수 없이 고개를 숙여 맨홀뚜껑을 여는 민규.
지포라이터가 툭! 바닥에 떨어진다.

씬13. 하수구 (N)

첨벙! 그리고 민규의 외마디 비명소리.... 으윽!
뒤이어 희립이가 내려와 맨홀 뚜껑을 닫는다.

〈 Ins / 뒷골목
    맨홀을 지나쳐 가는 이스라엘 경호원들. 〉

민규를 일으켜 벽에 밀치는 희립.

희립   / 디스켓 달라우.

몸을 수색하지만 디스켓이 나오지 않자
민규의 목덜미를 권총 개머리판으로 한 대 후려갈기는 희립.

희립   / (권총을 겨누며) 쌍간나새끼,
         너 때문에 내 부하들이 죽었어.
민규   / 내 동료도 죽었어.

방아쇠를 후퇴 전진시키는 희립의 부리부리한 두 눈.
.......쏠 태세다.

희립   / 조국 통일을 위해 먼저 가는 것이니끼니, 섭섭하게 생각하지
         말라우.
         (주변을 둘러보고는) 저승 가는 길이 참 드럽구만 기레.

방아쇠를 당기려는 순간,
철커덩! 맨홀 뚜껑이 열리면서 전등빛이 파고든다.
이스라엘 경호원들이 맨홀 아래를 향해 총을 쏘아대자
두 갈래로 몸을 던지는 두 사람.
요번엔 민규가 먼저 총을 겨눈다.
하나, 재빨리 벽에 몸을 숨기는 희립.

희립   / 살다보니 기막힌 인연이 다있구만 기레. 후후후!
         잘 살라우, 남조선 동무.

멀어지는 희립.
민규도 아픈 몸을 이끌고 반대편 어둠 속으로 사라진다.
〈 자막 / 남한 정보원 1명 사망, 북한 정보원 2명 사망 〉

씬14. 옥외 주차장 (N)

살며시 맨홀 뚜껑을 열고 주변을 둘러보는 민규.
화려함을 뽐내는 빌딩들의 자태.
어디선가 들리는 구두 소리....
주차된 차량 밑으로 다가오는 한 여인의 구두가 보인다.

차에 오르는 한 여인(다혜).
시동을 켜려 하자 뒷문을 열고 들어오는 민규.
다혜가 비명을 지르려 하지만.... 욱!
민규가 다혜의 입을 막고는 총구를 들이댄다.

민규   / (日) 갑시다.

잔뜩 겁에 질린 다혜, 총구가 겨눠지고 있어 비명도 못 지른다.

총에서 떨어지는 핏방울.

당황한 탓인지 시동을 꺼뜨리기를 몇 번..... 키르르릉!

서서히 주차장을 빠져나가는 차..... 대로변으로 접어든다.

씬15. 달리는 차 안 (N)

핸들 잡은 다혜의 손은 덜덜덜 떨고 있다.

다혜   / (日, 떨림) 어디로 가죠.

민규   / (日) 해치려는 거 아니니 겁먹지 마세요.

다혜   / (고개를 끄덕일 뿐)

민규   / (日) 오른쪽으로 갑시다.

#14-C3 다혜차

우회전.... 골목으로 들어가는 차.
몸이 쏠리자 아픈 듯 인상을 찡그리는 민규,
옆 시트에 놓인 빨간 손수건으로 상처 부위를 감싼다.

다혜   / (日, 막힌 길에 다다르자) **이젠 어디로 가죠?**
민규   / (日) **오른쪽.**
다혜   / (日) **거긴 길이 없어요.**
민규   / (日) **그럼 왼쪽으로 갑시다.**

피를 많이 흘린 탓인지 시야가 희뿌옇게 보이는 민규.
룸미러를 통해 서로를 보게 되는 두 사람.

다혜   / (日) **병원으로 가야 하는 거 아니에요?**

막다른 길이 나오자 차를 멈추는 다혜.
룸미러를 통해 뒤를 바라보면 사라지고 없는 민규.
뒤돌아보면 민규가 기절해 있다.

씬16. 막다른 길목 (N)

후다닥! 차문을 열고 나와 도망치는 다혜.

민규   / (日, Off) **잠깐만.**

겁에 질려 발걸음을 멈춘다..... 천천히 뒤돌아보면.
내려진 차 창문을 통해 민규의 모습이 보이는데....
안쓰러운 얼굴,
도와달라는 말을 하고 싶지만 감겨지는 눈꺼풀....
이내 기절해 버린다.
어떻게 해야 할지 망설이는 듯.
어느새 발걸음은 차로 향하고
기절해 있는 민규를 바라보는 순간
다혜를 밀쳐내며 모습을 드러내는 이스라엘 경호원.
민규를 향해 권총 방아쇠를 당긴다....... 탕!
〈 W.O 〉

씬17. 병실 (M)

번쩍 눈을 뜨는 민규, 다행히 꿈이다.
병실에 누워 있는 민규.
허리 부상은 치료가 된 듯 붕대로 감겨져 있다.
천천히 몸을 일으키다 소파에 누워 잠든 다혜를 보게 된다.
〈 사이 〉
옷을 갈아입은 민규,

주머니를 뒤져보지만 소지품들이 하나도 없다.

나가려다 멈칫........ 자신이 덮고 있던 이불보를 가지고 와

다혜를 살포시 덮어 준다.

씬18. 병원 로비 (M)

밖으로 나오는 민규 앞으로

차에 기대고 서서 담배 한 대 피고 있는 다께시가 보인다.

뒷좌석 문을 열어주는 다께시.

씬19. 뒷골목 (M)

스르륵 멈춰서는 차바퀴.

예전에 이스라엘 경호원들을 피해 도망치던 곳 중 한 곳이다.

널려진 드럼통 뒤로 손을 넣어 디스켓을 꺼내

다께시에게 전달해 주는 민규.

건네받은 디스켓을 하급동료에게 건네주는 다께시.

노트북을 펼치는 하급동료가 디스켓 복사 작업을 실행하고

그동안 민규에게 담배 한 대를 권한다.

다께시   / (日) 괜찮나?

민규   / (日, 견딜 만하다는 듯이 고개를 끄덕끄덕)

다께시   / (日) 아가씨에게 감사에 뜻은 전했나?

민규   / !

다께시   / (日) 안됐구만. 자넬 위해 헌혈을 두 번씩이나 했는데 정말
　　　　　 대단한 여자야. 경찰에 신고하지 않고 자넬 병원으로 데리
　　　　　 고 갔으니 말야. 같은 동포라 그러나.

민규   / ?

다께시   / (日) 모르고 있었군. 일본에 유학 온 북조선 사람이지.

민규   / .... (길게 담배 한 모금 내뱉는다.)

복사가 다 된 듯, 예의 디스켓을 민규에게 건네주는 하급동료.

다께시   / (日, 종이 백을 건네며) 다음에 일본 올 땐 미리 연락을
　　　　　 하고 오게. 내 마중 나가지.

민규   / (미소)

종이 백을 열어보면 여권과 권총 그리고 빨간 손수건 등등
여타 소지품들이 들어 있다.
악수를 나누는 두 사람.

다께시   / (日, 차에 오르더니) 다음에 그 여자를 만나면 감사의 뜻은
　　　　　 전하게. 자네 옆에서 이틀 동안 간호한 사람이니까.

저편으로 사라지는 차.

담배 한 모금 길게 내뱉는 민규.

날리는 담배 연기 속에 소파에 누워 잠든 다혜의 모습이 아로
새겨진다.

1996년 10월, 블라디보스톡

씬20. 선술집 (N)

〈 Ins / 선술집 전경

　　　강한 바람이 부는 듯 창문이 들썩들썩 거린다. 〉

빠에 앉아 러시아인과 술잔을 기울이며 얘기를 나누는 희립.
정보의 댓가가 슬그머니 전해진다.

Na　　/ (희립-) 첩보전에서만큼은 남조선보다 우리가 항상 우위
　　　에 있었는데, 남조선 괴뢰군이 러시아제 헬기를 밀수한다
　　　는 정보는 우릴 정말 당황케 했다. 우리 아군까지 매수해
　　　버린 남조선 첩보 능력. 아무리 국제정세가 어제와 오늘이

다르다고 하지만, 이는 심각한 문제였다.

단번에 보드카 술잔을 비우는 희립.

씬21. 항구 창고 밖 (N)

러시아 군인들이 보초를 서고 있는 창고 전경.
드럼통 뒤로 사뿐 사뿐히 움직이는 군화발들.
누군지 알 수 없도록 시커먼 모자를 눌러쓴 무리들,
야간 투시경을 착용하고는 신호를 기다리는 듯.

창고 창문을 통해 새어나오던 전등 빛이 파샥!...... 사라지자
피슝! 피슝! 피슝!.... 경계를 서고 있는 러시아 군인들이
죽음을 맞이한다.
문을 박차고 들어가며 사격을 가하는 무리들.
드르르륵! 드르르륵, 피슝 피슝! .... 드르륵!
암전 속에 요동치는 총소리.
불빛들이 창문을 통해 새어 나오고...... 한동안 이는 정적.
잠시 후, 조금 전에 들어갔던 무리들이 뛰어나온다.
〈 W.O 〉
잠시나마 W.O 되는 동안 창고 내부 상황이 보이는데
헬기를 사이에 두고 죽어 있는 수많은 주검들.

〈 자막 / 남한 정보원 6명 사망 〉

이 글귀도 W.O 되면서 사라져 버린다.

#21-5 항구창고

ins / WO

10일 후, 도쿄

씬22. 길가 (D)

도로변에 주차된 차.
운전석에 앉아 담배 한 모금 길게 내뱉는 민규.
길 건너편으로 북한 인공기가 펄럭이는 건물이 보인다.
'조총련 연합회'이라고 쓰인 입간판.

Na   / (민규-) 블라디보스톡 사건의 범인을 찾는 덴 오랜 시간이
        걸리지 않았다. 형제나 다름없는 동료 여섯 명의 목숨을
        앗아간 범인.

선글라스를 쓴 희립이가 조총련 건물에서 나와

차에 오르는 모습을 멀리서 지켜보는 민규.

시동을 걸려다 멈칫..... 어딘가에 시선이 고정된다.

조총련 건물에서 나오는 다혜.

찰랑이는 머리.....

정숙한 옷차림이지만 몸매가 아름다운 자태.

Na   / (민규-) 그때 난 그녀를 다시 만났다. 나를 살려준 여자.
        같은 동포지만 잊고 지낼 수밖에 없었는데, 지금 내 앞에
        있다니.... 감사하다는 말도 못했는데.

저편으로 향하는 다혜의 뒷모습을 바라보는 민규,

희립의 차가 조총련 건물을 빠져나가자 이내 시선을 돌린다.

씬23. 도로 (D)

달리는 희립의 차를 뒤쫓는 민규의 차.

왼편으로 붙어 나란히 달린다.

서로를 보게 되는 두 사람.

희립   / (여유) 어이구, 이게 누구야? 남조선 동무구만 기레.

민규   / 손가락은 잘 붙어 있나?

보란 듯이 오른손을 들어 보여주는 희립.
검지와 중지가 붙어 있고, 약지와 새끼손가락이 붙어 있어
V자 모양의 틈이 보이는 손가락.

민규   / 그래서 밥숟가락은 뜨겠어?
희립   / 걱정 말라우, 왼손잡이니끼니.
        그런 자넨 터진 옆구린 잘 꿰맸네?
민규   / 안타깝군. 보여줄 수 없어서.
희립   / (전방을 바라보며) 옆구리가 터져 실없는 놈 되는 거 많이
        봤는데, 괜찮은 거 보니 다행이구만 기레.

반응이 없자 민규를 바라보니 사라지고 없는 민규의 차.
어느새 민규의 차는 희립의 차 오른편에 와 있다.
오가는 미소 대 미소.

희립   / 곰 띠네? 재주는 서커스장에서 부려야디 길 한복판에서 부
        리면 딱지 뛰기 십상-

말이 떨어지기도 전에
희립의 차 사이드 밀러를 치고 나가는 민규의 차.

희립   / 저.... 간나쎄끼.

속도를 내 민규의 차를 따라가는 희립의 차.

씬24. 카페 (D)

〈 Ins / 카페 앞

　　끼익! 멈춰서는 민규의 차.

　　바로 옆에 희립의 차도 멈춰 선다. 〉

서로 마주 보고 앉은 두 사람.

희립이가 담배 한 대를 입에 물자 민규가 빼앗아 버린다.

'금연'이라 쓰인 푯말을 가리키는 민규.

희립　　/ 눈에 살기가 있구만 기레.

민규　　/ (미소) 살기뿐이겠나.

희립　　/ 후후!... 이보라우 남조선 동무. 내게 뭐 원한이 있나 본데.

민규　　/ 몰라서 묻나?

희립　　/ (여유) 음, 블라디보스톡 사건 말하나 보구만.

　　　　　참 안됐어. 그러니끼니 왜 기딴 짓을 해.

민규　　/ 자네가 한 짓이란 거 다 알아.

희립　　/ 이보라우. (민규의 얼굴 가까이 다가가서는)

　　　　　우린 정보원이지 특공대가 아니야. 알갔어?

민규　　/ 제7 특공연대 2대대 소대장 출신이 그런 말하니 우습군.

희립   / (미소)

이때 앵벌이 소녀가 다가와 구걸을 하자
아무 소리 없이 지폐 한 장을 건네주는 민규.
고마워하며 노란색 막대사탕 두 개를 탁자에 놓고
다른 탁자로 향하는 소녀.

희립   / (커피를 마시며) 증거라도 있네?
민규   / 자네가 증거를 남길 사람이 아니지.....
         그래서 자넨 줄 알았어.
희립   / 넘겨 집지 말라우 동무. 기분 나쁘니끼니.
민규   / 우린 절대 그냥 넘어가지 않아.
희립   / 푸하하하! 지금 나 겁주는 거네?
민규   / (미소)
희립   / 이보라우 남조선 동무. 내 한 마디 충고 하갔어.
         다음부턴 제대로 된 임무를 맡으라우.
         차 옆거울 깨는 임무 맡지 말고.
         (일어서며) 나도 자네한테 겁줄 게 있어.
         잠깐 기다리라우.

화장실로 들어가는 희립.
〈 사이 〉
커피가 리필 되건만 여전히 혼자 있는 민규.

뭔가 이상한 낌새를 눈치 챈다.

화장실문을 열어보면 텅 빈 화장실.

변실도 없는 화장실이기에 단번에 알 수 있다.

...열려진 창문.

씬25. 카페 앞 (D)

희립의 차는 이미 사라지고 없고 민규 차만 있을 뿐이다.

창문 틈새에 끼어져 있는 쪽지 한 장을 꺼내보면

'간나새끼, 바빠서 기냥 가는 거이야.

다음에 또 이딴 짓 하면 기땐 바퀴처럼 될 줄 알라우!'

앞쪽 바퀴 한 쪽이 터져 있는 민규의 차...... 총탄 자국.

쓴 미소를 지으며 차에 오르고는 시동을 거는 민규,

터진 바퀴 그대로 앞으로 나아간다.

한 달 후, 중국 단동

씬26. 여인숙 (N) ══════════════

〈 Ins / 허름한 여인숙 전경 〉

　　　　탁자에 마주보고 앉아 얘기를 주고받는
　　　　국정원 담당관과 신익두.

Na　　/ (민규-) 놈들의 움직임을 포착한 우린 때를 기다리고 있었
　　　　고, 북한 내 불순 세력인 신익두에게 쿠데타 자금을 전달하
　　　　는 임무와 맞물려 좋은 기회가 찾아왔다.

　　　　신익두에게 검은색 가방이 전달되고
　　　　예의 가방을 열어보면 미국 달러 다발이 가득하다.

담당관　/ 새벽 작전 착수금입니다.

　　　　계획이 수립되면 나머지 금액도 전달해 주겠소.

신익두　/ 새벽 작전이라. 후후후!

담당관　/ 남북한 미래를 위해!

　　　미소를 지으며 술잔을 부닥치는 담당관과 신익두.

　　　이를 뒤에서 지켜보는 민규와 초희 그리고 신익두 측 사람들.

#26-C2 허름한 여인숙

씬27. 기찻길 (N)

달리는 열차에서 뛰어내리는 민규.
몇 바퀴 굴러 바닥에 안착하면
그 옆으로 끼익! 차 한 대가 멈춰 선다.
운전자는 초희.
'압록강 대교 300M'라 쓰인 이정표가 드러난다.

씬28. 신의주역 (N)

신의주역 입간판.
치이익! 치이익!...... 열차가 도착을 하고
후미 화물칸으로 향하는 희립과 정보원들.
다른 화물칸에선 인부들이 옥수수 포대를 나르고 있다.
UN마크가 선명한 옥수수 포대들.

씬29. 화물칸 (N)

차곡차곡 쌓여 있는 옥수수 포대 사이로
발걸음을 옮기는 희립과 정보원들.
중앙에 나무목으로 짠 커다란 상자가 모습을 드러낸다.

목판을 때어내자 드러나는 슈퍼컴퓨터,
Made in Japan 마크가 선명하고 회사 마크도 선명하다.
희립의 찐한 미소..... 하나 뭘 봤는지 순간 경직된다.
옥수수 포대 사이에
노란색 막대사탕 하나가 꽂혀져 있기 때문이다.

뒤돌아 온힘을 다해 도망치는 희립과 정보원들.
순간 펑! 소리와 함께 희뿌연 연기로 뒤덮이는 내부.
잠시 후, 푸하!..... 마치 물 속에서 고개를 내밀어 숨을 쉬듯
허리까지 찬 팝콘 속에서 고개를 내밀어
가쁜 숨을 내쉬는 희립, 이마에 피가 흐른다.
산산조각 난 슈퍼컴퓨터의 잔재.

#29-C4 화물칸

+ 폭파/특효

계속 튀겨지는 팝콘 ......뻑! 뻑! 뻐벅! 뻑!

이를 본 희립,

화가 치밀어 오르는지 일어서며 팝콘에 발길질을 하는데

희립   / 쌍 간나새끼....... 악!

다리에 부상을 입어 일어서다 말고,

다시 팝콘 속에 파묻혀 버린다.

〈 자막 / 북한 정보원 4명 사망, 3명 중상 〉

12월 24일, 도쿄

씬30. 스카이 라운지 (D) ▬▬▬▬▬

삐르릭! 벨이 울리자 핸드폰을 받는 다께시.
쇼윈도 밖으로 도쿄항이 내려다보인다.
흘러나오는 캐럴송.

다께시   / (日) 여보세요.

Filter   / (日, 희립―) 아이고 목소리 들으니 반갑구만 기래. 일주일
          동안 자네한테 전화한 것만 해도 수백 번은 넘갔어.
          (비아냥) 이제 상황 정리돼서 휴대폰을 켜 놓으셨나?

다께시   / (日) 소식은 들었소.

Filter   / (日, 희립―) 다께시상, 이거이 너무 한 것 아닙네까?

당신네들이 알려줬지?

다께시 / (日) 말이 너무 심하지 않소.

슈퍼컴퓨터 연결해 주기 위해 얼마나 고생했는데.

씬31. 병실 (D)

희립 / (日, 언성이 높다, 핸드폰) 당신네들과 거래한 건데 어떻게
남조선 새끼들이 알고-

Filter / (日, 다께시-, 말을 막고) 지금 중요한 사람과 얘기 중이라
서, 이만... (뚝!)

희립 / (핸드폰) 이보라우, 다께시상, 다께시상..... 쌍!

화가 치밀자 핸드폰을 내 팽개치는 희립,

화풀이를 하고 싶지만 깁스를 한 다리가 천장에 대롱대롱 매
달려 있다.

베개로 자신의 얼굴을 가리고는 함성을 질러댄다..... 아악~!

씬32. 스카이 라운지 (D)

핸드폰을 주머니에 넣는 다께시.

마주하고 앉은 민규.

다께시   / (日) 살아 있군.

민규   / (日) ......살려줬지.

다께시   / (日) 이유를 물어봐도 되겠나?

민규   / (日, 미소) 모르는 적보단 아는 적이 편하거든.

철컥! 철컥!...... 007가방을 열어 다께시에게 건네주는 민규.

프랑스 TGV 설계와 관련된 서류들로 가득 찬 가방.

확인한 다께시, 자신의 007가방과 맞교환을 한다.

민규   / (日) 부탁한 건?

다께시   / (日) 감사의 표시가 너무 늦은 거 아닌가.

       ...3년 전 일인데...

#32-C3

OS / 민규

서류를 건네주며 자리에서 일어나는 다께시.

다께시 / (日) 잘해보게나. 정치 상황은 언제 바뀔지 모르니까.
후후! (저편으로 향한다.)

다혜의 사진과 함께
인적 사항이 빼곡히 적힌 서류를 보는 민규.

#32-C9

track in

씬33. 몽타쥬 (N) ══════════════

[대형할인마트]

물품을 구입하는 다혜, CD코너에선 CD도 구입한다.

헤드폰을 쓴 채 음악 감상을 하는 다혜.

......나비부인 주 테마곡.

기둥 뒤로는 민규도 헤드폰을 쓴 채 똑같은 음악을 감상한다.

[창문을 통해 보이는 다혜 방]

흰 가운을 걸친 채 욕실에서 나오는 다혜.

수건으로 젖은 머리를 터는 자연스러운 모습.

〈 Dis- 〉

책상 앞에 앉아 곰곰이 생각에 잠기는 다혜.

바람에 창문 커튼이 날리자 창문을 닫는다.

[옥상]

이 모든 것을 민규가 망원경으로 훔쳐본다.

[호텔룸]

희뿌연 담배 연기로 가득 찬 룸.

CD플레이어에선 나비부인 주 테마곡이 잔잔히 흐르고 있다.

탁자에 놓인 양주병.

다혜의 모습을 찍은 사진들이 붙어 있는 벽면.

수백 장의 사진이 빼꼭히 붙어 있다.

소파에 앉아 예의 사진들을 바라보며 술잔을 비우는 민규.

만지작거리는 빨간 손수건.

소파에 머릴 기댄 채 그대로 잠이 든다.

재떨이엔 수북한 담배꽁초들.

피다 만 담배가 여전히 연기를 내뿜고 있다.

#33-c5 호텔룸

ins. ④

씬34. 도로변 (D)

'일본 식량연구소' 입간판.

동료들과 헤어지는 다혜, 저편으로 걸어간다.

바람에 머리카락이 날리자 고개를 돌려 피하는 다혜.

순간, 길 건너편에서

자신을 바라보고 있는 민규와 눈이 마주친다.

이들 사이를 막는 커다란 버스.

다혜의 발걸음은 어느새 버스 뒤로 향하고

민규의 모습을 찾는다.

하지만, 이미 사라지고 없는 민규.

Na   / (다혜-) 여자의 느낌일까? 처음 그 사람을 만났을 때 나쁜

#34-C2 도로변

ⓔ Na / Cut in

사람이 아니란 것을 알 수 있었다. 비록 애기조차 나누지 못했지만, 난 이미 그 사람한테 **빠져** 있었다. 그 사람이 떠난 후에도.

씬35. 회상 숏컷

[병실 /N/M]
침대에 누워 수면 중인 민규, 허리에 붕대가 감겨 있다.
포근한 눈길로 한동안 바라보는 다혜.
살며시 민규의 볼에 손을 대더니, 인기척 소리에 후다닥 손을 내린다.
〈 Dis- 〉
아침 햇살이 텅 빈 베드를 비춘다.
이불을 포근히 끌어안은 채 소파에 앉아
곰곰이 생각에 **빠지는** 다혜.
민규가 잠자는 자신에게 이불을 덮어주는 상상을 하고는
이불 냄새를 맡아본다.

Na   / (다혜-) 그 사람을 다시 본 건 이번이 처음이 아니다. 꼭 한 번 다시 만나길 바랐던 사람이지만, 전혀 뜻밖에 벌어진 일이었기에 그저 멍청히 바라볼 수밖에 없었다. 바보같이.

[길가 /D]

길을 걸어가다 문득 발걸음을 멈추는 다혜.

도로 건너편으로 보이는 카페를 바라본다.

차에 오르는 민규. (씬24와 동일 상황)

터진 바퀴를 한 채 도로로 나오는 차.

〈 고속 촬영 〉 스쳐 지나가는 민규와 다혜.

멀어지는 민규의 차를 바라보는 다혜의 뒷모습.

[다혜방 /N]

침대에 벌러덩 눕는 다혜, 아쉬운 기색이 역력하다.

〈 Dis- 〉

책상 앞에 앉아 곰곰이 생각에 잠기는 다혜.

바람이 불면서 창문 커튼이 날리자 다가가 창문을 닫는다.

(씬32와 동일 상황)

씬36. 도로변 (D) ══════════════════════════

주변을 두리번거리는 다혜.

민규의 모습이 보이질 않자 하는 수 없이 발걸음을 옮긴다.

혹시나 하는 마음에 다시 한 번 둘러보지만....

뒷모습을 보이며 걸어가는 사람들뿐.

개중 바바리를 걸친 누군가의 뒷모습에 포커스가 맞추어진
다.
다름 아닌 민규, 담배 한 대 입에 물고 불을 붙이며

Na   / (민규-) 차마 나설 수가 없었다. 비록 같은 동포지만, 어차
        피 우린 이루어질 수 없는 만남이기 때문이다. 외려 동포가
        아니었으면.....

고개를 돌려 멀어지는 다혜의 뒷모습을 바라보는 민규.
〈 스톱모션 〉

NA   / (민규-) 그렇게 해서 2년이 흘렀다.

1998년 9월, 비무장지대

씬37. 연구소 전경 (N)

〈 자막 / 1998년 9월. 황해도 해주 식량연구소 〉

해안에 위치한 연구소 전경.
창문에서 새어나오는 은은한 전등빛.
밤하늘의 별빛과 어우러져 한 폭의 그림을 연상케 하는 순간
정전이 된 듯 컴컴해지는 창문.
갑자기 드르륵! 드르륵! 요란한 총소리와 함께
반짝이는 총탄 불빛들.
잠시 후, 창문 한켠에 섬광이 일면서 폭발해 버린다.
마치 불꽃놀이를 하듯 시커먼 하늘로 치솟는 섬광.

씬38. 회담장 (D) ━━━━━━━━

〈 Ins / 판문점 전경
    미군과 북한군의 삼엄한 경비. 〉

열띤 논쟁이 오가는 북한군 장교와 미군 장교들.
상황판을 지목하며 열변을 토하는 북한군 장교.
상황판엔 죽은 시신들의 사진과 함께
사용됐던 무기의 흔적들이 즐비하게 널려 있다.

북한군 장교 / 이게 뭔지 압네까? 바로 당신네들이 쓰는 M16 탄피야요.
    (군화 발자국 사진을 가리키며) made in usa! 아주 선명하
    게 찍혀 있시요. 이는 군사 평화 협정 이래 있을 수 없는
    만행입네다 만행. 이딴 만행이 우리 영토 내에서 벌어졌다
    는 건.....

회담장은 목소리가 큰놈이 이기는 것 마냥 시끄러워지고
통역하느라 바쁜 양측 통역병들.

북한군 장교 / (쾅! 탁자를 치며 일어선다.) **벽창호 같은 새끼들, 도무**
    지 말이 안통하는구만 기레. 가자우!

자리를 박차고 일어서는 북한군 장교들.

뭐라 말한 것인지?.... 통역병을 바라보는 미군 장교.
애매모호한 통역...... 하는 수 없이 말을 순화시킨다.
"쏘리, 쏘 쏘리."

씬39. 비무장지대 (N)

〈 자막 / 동부전선 비무장지대 〉

부슬부슬 비가 내린다.
판초우의를 입은 남한 수색대의 날카로운 눈빛,
사방을 주시경계하며 수색한다.
한편 반대편에선 북한 수색대가 수색을 하며 남하하고 있어
조우는 시간문제.
정지 신호와 함께 엄폐물을 찾아
사방으로 흩어지는 남북 측 수색대원들.
총을 겨누며 방아쇠를 당길 태세를 갖춘다.

남한 수색대장, 손목에 설치된 소형 메신저에
몇 개의 버튼을 누르자
북한 수색대장이 지닌 메신저에 암호명이 떠오른다.
'접수'라 쓰인 버튼을 누르는 북한 수색대장.

늠름해 보이는 남북한 수색대가 조우를 한다.

악수를 나누는 남한 수색대장과 북한 수색대장.

남한 수색대엔 군인이라고 하기엔

나이 지긋한 국정부장과 조 박사의 모습도 보인다.

씬40. 북한 휴전선 (N)

곳곳에 쌓아놓은 은폐물 뒤로

총구를 겨누는 북한병사들의 긴장된 눈빛 속에

휴전선 철책문이 열리면서 들어오는 북한 수색대원들.

남한 일행들에게로 다가가는 희립.

희립   / (정중히) 공화국에 오신 것을 환영합네다.

          이쪽으로 가시디요.

안내하는 병사를 따라 저편으로 향하는 남한 일행들.

마지막 두 사람 앞을 가로막는 희립.

희립   / (알고 있지만 처음 본 듯) 어이구, 이게 누구야?

          남조선 동무구만 기레.

머리에 두룬 판초우의. 고개를 들면 다름 아닌 민규다.

민규   / (껌을 씹으며, 미소) 안녕하신가?

희립   / 어른 앞에서 껌을 쫙쫙 깨무는 게 남조선 문화네?
        건방진 거네?

        너도 하나 씹으라는 듯이 껌 하나를 건네는 민규.

희립   / 후후! 그새 많이 컷구만 기레.... 여유 있어 보기 좋아.
        (껌을 턱! 쳐내며) 저번 선물은 잘 받았어.
        덕분에 3개월 병원신세를 졌디만 말야.

민규   / (미소를) 무슨 얘길 하는지 모르겠군.

희립   / 후후!
        (미소가 사라진다.) 몸수색 할 테니끼니 두 손 바~싹 올리
        라우.

        천천히 두 손을 드는 민규.
        민규의 몸을 수색하는 석두,
        허리춤에서 권총을 꺼내고는 집어삼킬 듯한 표정을 짓는다.
        권총을 건네받은 희립, 민규에게 다가가서는 담배 한 대 입에
        물고 지포라이터로 불을 붙인다.
        예전에 민규가 흘린 지포라이터.

희립   / (엄포, 나즈막이) 여긴 공화국이야. 무슨 말인지 알간?
        잘못하면 뒈지는 수가 있어.

민규의 안주머니에서 만년필을 꺼내는 석두,
이도 역시 희립에게 건네준다.
만년필 뚜껑을 열어보자 드러나는 날카로운 촉.
....촉에 묻은 파란 잉크.

희립   / 이거이 독침 아니네?
민규   / (진지한 어투로) 찔리는 순간 살가죽이 파랗게 물들지.
희립   / 어이구, 무서버 오줌 질질 쌀 것 같구만 기래. 후후!
        (미소가 한순간에 가시며) 간나새끼.

다음 사람 몸수색을 하는 석두, 순간 멈추는 동작.
군복을 입었지만 여자이기 때문이다.

#40·C12 북한 휴전선

08 . 희립

...가슴을 만지고 있었으니.

고개를 들어 석두를 바라보는 초희의 어색한 미소.

하지만 임무에 충실한 석두,

가슴뿐만 아니라 몸 곳곳을 수색한다.

특히 허벅지를 수색할 땐 초희가 찔끔 놀란 표정을 짓는다.

뒤춤에서 뭔가를 발견하고는 꺼내보면,

반짝반짝 빛나는 은색 베레타 권총.

희립   / (총을 건네받으며) **남조선 정보원이레 남자들이 모자란가**
            보구만 기레. 후후!

씬41. 달리는 차 안 (N)

〈 Ins / 도로

　　　　달리는 리무진과 승용차들.

　　　　'평양 120Km'라 쓰인 이정표를 지나쳐 간다. 〉

희립이가 운전을 하고 보조석엔 민규가 앉아 있다.

뒷좌석에 앉은 석두와 초희.

비좁아 보이는 공간을 둘러보다 어딘가에 머무는 초희 시선.

석두가 두 다리를 쫙 벌리고 기세당당한 표정으로 앉아 있기

때문이다.

민규가 품에서 담배를 꺼내자

희립   / 차내에선 금연이야.

재떨이를 보면 담뱃재 가루가 묻어 있다.

민규   / 텃새가 심하군.
희립   / (머리를 넘겨 꿰맨 자국이 선명한 이마를 보여주며)
         이거 보이네? 렁광의 상처다. 무슨 말인지 알간?

잠시 창밖을 바라보더니 상의를 들쳐
옆구리를 보여주는 민규.... 총탄 자국 선명한 옆구리.

#41-C1

pan/follow

ins.

민규 　 / 영광의 흉터지. 등에도 하나 있는데 보여줄까?

희립 　 / 흥!.... 등짝도 터졌네.

　　　　몸뚱아리가 서서히 개차반 되고 있구만 기레.

민규 　 / 조금씩 맛 가고 있으니까 조심해.

희립 　 / (가소롭다는 듯이) 지금 나 겁주는 거네? 푸하하!

씨익! 미소를 짓는 민규, 소리 내어 껌을 짝짝 씹자

희립 　 / 고저 껌 좀 작작 깨물라우. 신경 쓰이잖네.

민규 　 / 북한에선 껌을 깨무나 보구만. 우린 씹는데 말야.

　　　　아하! 북한 껌은 좀 딱딱하지.

희립 　 / (노려보며) 뭐이 어드래?

　　　　(악문 이) 이보라우, 여긴 공화국이야. 잘못하면—

민규 　 / (말을 막고) 뒈지고 싶지 않으니까 운전이나 잘 하지.

예의 승용차가 도로 턱을 넘어가면서 심하게 요동을 치자
안 되겠는지 안전벨트를 매는 민규.

민규 　 / (혼잣말) 운전을 달나라에서 배웠나.

열 받는 희립의 표정, 핸들을 쥔 손이 부르르 떨린다.
이를 뒷좌석에 지켜보며 씽긋 미소를 짓는 초희.
석두를 바라보면 여전히 굳어 있는 표정 일색이다.

평양

씬42. 연구소 앞 (M)

⟨ Ins / 연구소 정문
'평양 식량 연구소'라 쓰인 표지판.
리무진과 승용차들이 들어간다. ⟩

남한 일행들을 영접하기 위해 마중 나와 있는 사람들,
리무진과 승용차들이 멈춰서고
남한 일행들이 내리자 박수를 쳐준다.
남한 일행들에서 민규를 발견하자 박수치다 멈칫거리는 다혜,
놀란 표정으로 민규를 한동안 바라본다.

악수를 나누는 남북한 사람의 모습에서 스톱모션.

〈 자막 / 남한 국정부장 〉

〈 자막 / 북한 보위부장 〉

보위부장 / (미소) 먼 길 오시느라 고생이 많으셨습네다. 이런 력사적
　　　　방문을 비밀스레 맞이할 수밖에 없다니 민망하기 짝이 없구
　　　　만요.

국정부장 / (미소) 떳떳하게 만날 날이 곧 오겠죠.

맞잡은 두 손을 힘 있게 흔드는 두 사람.

#42-C4

(Na 다혜)

씬43. 복도 (M) ════════════════════

회의실로 향하는 사람들.
벽에 걸린 김정일 국방위원장의 초상화.
식량 개발에 관련된 각종 현황문구.
다혜가 회의실 문을 열어주자 안으로 들어가는 사람들.
민규와 다혜, 서로를 바라보게 된다.
하나, 아무런 말없이 그냥 스쳐지나갈 뿐.
〈 고속촬영 〉

씬44. 회의실 (D) ════════════════════

커다란 테이블을 사이에 두고 남북회담이 벌어진다.

보위부장 / 고저 예전엔 핵무기를 지니는 것만이 최고 였는디, 다 필요
　　　　없다는 것을 요즘에 와서야 알게 됐습네다. 인민들이 고통
　　　　받고 있는데, 핵무기가 무슨 소용이 있갔쇼.
국정부장 / 미래는 식량을 가진 나라가 세계를 지배하게 될 겁니다.
　　　　그래서 우리가 만난 것 아닙니까?
보위부장 / 식량이라 식량, 후후후!

보위부장이 담배 한 대 입에 물자

지포라이터로 불을 붙여주는 희립.

준비된 서류를 북한 인사 테이블 앞에 한 부씩 놓아주는 민규
가 보게 된다.

'275 옥수수'라 적힌 겉표지.

다혜의 자리에도 한부를 놓는다...... 희립의 자리에도

한데, 다른 사람들은 제대로 놓지만 희립에겐 뒤집어 놓고
가는 민규.

서류를 제 위치로 놓는 희립의 표정에서 '간나새끼'란 욕설이
배어 나온다.

서류를 넘기는 다혜, 몇 줄 읽더니 흥분된 표정을 짓는다.
겉표지를 다시 한 번 바라보는 표정에서 짐작이 가는 듯.

다혜   / 아니 그럼, A모줄에서 275개를 .....성공하셨습네까?

조 박사 / 95%

다혜   / (더욱 더 놀란 표정) 믿어지지 않는구만요. 275개라.
            기렇다면 일반 옥수수의 3밴데....... 세상에.

조 박사 / 옥수수를 주식으로 하는 나라가 전체 나라의 45%입니다.
            우리가 개발할 275 옥수수가 생산된다면 그 중 20%를 잠식
            할 수 있어요. 그 중 5%만 쌀과 교환한다 해도 남북한 전
            인구가 먹고도 남을 쌀을 쉽게 얻을 수 있는 겁니다.

웅성웅성거리는 북측 대표단원들.

이를 바라보며 씨익 미소를 짓는 국정부장이 담배 한 대를
입에 물자, 민규가 지포라이터로 불을 붙여준다.
이를 보게 된 희립, 탁자를 바라보면 담뱃갑만 있을 뿐 지포라
이터가 없는 것을 알고는 입술을 질근 깨문다.

〈 Dis- 〉
벽면에 투사되는 각종 슬라이드 자료들.
뉴욕(IFDC)을 중심으로 방사형으로 뻗어난 그래프.
그 끝 지점엔 세계 유수 도시 이름들이 적혀 있으며
각국 회장들의 사진도 함께 실려 있다.
단, 뉴욕엔 ?로 표시되어 있어 배후의 인물이 누군지 알 수
없는 듯.

#44- C17 회의실

민규   / 세계 곡물시장의 반을 좌지우지할 정도로 막강한 세력을
        갖추고 있는 다국적 카르텔 기업, IFDC입니다. 뉴욕에 본
        사를 두고 있으며 세계 주요 도시에 막강한 거점 기지를
        형성하고 있어, 유수의 석유재벌과 맞먹는 기업이라 해도
        과언이 아니죠. 각국의 곡물이 모자랄수록 이들에겐 이윤
        이 많이 남는 터라, 새롭게 개발되는 곡물을 반가워하지
        않는 파렴치한들입니다.

        슬라이드 자료 중 대두되는 암스테르담과 싱가포르,
        그리고 홍콩의 IFDC 회장 사진들.

민규   / 아시다시피 카자흐스탄의 밀 품종 개량 혁신주자였던 이마

#44-C2) 회의실

노프 박사의 피살사건, 개량감자를 만들어낸 말레이시아의
짐농 박사 피살 사건, 그리고 황해도 연구소 폭파 사건의
배후 조정자로 지목되고 있지만 아직 물적 증거를 잡지 못
한 상태입니다.

보위부장 / (이를 악문다.)

민규   / 3주 후 일본 도쿄에서 개최되는 아시아 식량회담에서 중국
이 개발한 신토 낟알이 발표될 예정이었습니다만 불참을
선언한 것도, 이들의 위협이 있기 때문으로 파악되고 있습
니다.

〈 Dis- 〉

담배연기로 희뿌연 회의실.

다혜   / (서류를 보며) 옥수수 암수술 세포 DNA 구조에 결정적인
결함이 있는데 이걸 극복하려면 족히 10년은 걸리겠는데요.

보위부장 / (아쉬움)

조 박사 / 일본 마츠모토 박사가 개발한 세포 DNA 복원 기술만 있다
면 가능하죠. 한데, 조총련계라....

보위부장 / (언제 아쉬웠냐는 표정) 저희들이 알아서 조치해 놓갔습메
다. 난 또... 하하하!

국정부장 / (미소)

씬45. 스카이라운지 (N)

〈 Ins / 양각도 호텔 전경

마치 63빌딩을 보는 것처럼 섬에 위치해 있으며
모양도 63빌딩과 엇비슷해 보인다.〉

남북 관계자들 간의 만찬회가 벌어지는 스카이라운지.
대동강변이 한눈에 내려다보인다.

국정부장 / (술잔을 기울이며) 따라서, 요번 일을 계기로 남북한이 공
동으로 참여하여 275 옥수수 프로젝트를 완성하자는 게 저
희 정부의 제의입니다

보위부장 / (마찬가지로 술잔을 기울이며) 그런 제의라면 기꺼이 받아
들여야디요. 더불어 살자는 것 아닙네까?

국정부장 / (미소) 저희 대통령께서 이 회담의 결과를 기대하고 계시는
데 좋은 소식을 전해드려서 기쁘군요.

보위부장 / (미소) 마찬가집네다. 김정일 위원장께서도 지금 제 전화를
기다리고 계시디요.

국정부장 / 우리 한 번 잘해 봅시다.

깡!... 술잔을 부닥치는 두 사람.

국정부장 / (대동강변을 둘러보며) 대동강도 참 아름답군요.

보위부장 / 혹시, 저기 있는 배가 뭔 배인 줄 아십네까?

보면 대동강변에 정박해 있는 배 한 척,
너무 멀어 잘 보이지 않는다.

씬46. 대동강변 (N)

정박해 있는 커다란 배를 관찰하는 남북관계자들.

국정부장 / 아하! 이게 바로 그 유명한 푸에블로호군요.
보위부장 / 미국놈들의 간담을 서늘하게 했던 사건이디요.
보위부장 / 기러고 이 대동강이 바로 신미양요의 원인인 제너럴 셔먼호
　　　　　가 격침된 곳이기도 합네다.
국정부장 / (고개를 끄덕인다.)
보위부장 / (자랑스레) 기걸 기리기 위해 여기가 갖다 놓았디요.
　　　　　하하하!
　　　　　내부도 한 번 구경해 보시겠습네까?.... 들어가시디요.

푸에블로호에 오르는 남북관계자들.
그 뒤를 초희와 석두가 뒤따른다.
천천히 발걸음을 옮기며 푸에블로호의 모습을 훑어보는 민규.

푯말 앞에 서서는 쓰인 글귀를 보기도 한다.

'미국과 전투를 벌여 19세기에는 〈셔먼〉호를,
20세기에는 〈푸에블로〉호를,
21세기의 전리품도 여기에 가져다 놓으리라!'

다가오는 희립.

희립   / 어떤 아새끼가 라이터가 훔쳐가서 불 좀 빌릴까 하는데....
        북남관계에 큰 지장은 없갔디?

피식! 웃는 민규, 지포 라이터로 불을 붙여준다.

희립   / 3년 동안 잘 보관해 줬는데 고맙단 얘기도 없네?

지포라이터 바닥에 쓰인 'made in USA 1950' 중
'made in USA' 글자가 칼로 파여 있다.

민규   / 후후! 이왕 지울 꺼 연도도 지우지 그랬어!
희립   / 미 제국주의가 전쟁 일으킨 연도니끼니 상기하란 뜻이디.
민규   / (담배에 불을 붙이고는) 말은 똑바로 하자.
        전쟁은 니네가 일으켰잖아.
희립   / 푸하하하!.... 조선 인민 해방을 위해 투쟁하다 전사한 혼령

들이 웃같어.

미제국주의가 일으킨 걸 와 뒤집어씌우네.

민규   / 허허!...... 그럼 도끼 만행 사건도 니네가 한 게 아니겠다?

희립   / 당연하다. 양키놈들이 나무를 배려했던 거 아니네.

민규   / 그래서 도끼를 던졌잖아.

희립   / 양키놈들이 먼저 던졌디.

민규   / 니네가 먼저 던진거라니까

희립   / 허허, 이 동무레 증말....

민규   / (말을 막고) 관두자 관둬..... 내가 미쳤지.

         (담배 한 모금 내 뱉더니) 혹시 땅굴은 누가 판 거냐?

희립   / (저편으로 향하며, 능청맞게) 두더지네? 땅굴을 파게.....

더 이상 할 말을 잃는 민규.

씬47. 총수실 (D)

〈 Ins / 홍콩 전경 〉

〈 자막 / 홍콩 〉

홍콩항이 내려다보이는 총수실.

총수를 비롯한 측근들이 회의탁자에 둘러앉아

대형 스크린을 보며 회의를 하고 있다.

날카로운 카리스마를 지닌 케인도 함께 하는 자리.

대형스크린엔 첩보위성에서 찍힌 모습들이 출력된다.
한눈에 펼쳐지는 한반도... 차츰차츰 Z.I 되면서 북한, 평양.
그리고 연구소가 잡힌다..... 계속되는 Z.I
밝게 웃으며 리무진에 오르는 국정부장과 보위부장의 모습에
서 스톱모션.

측근1   / (英) 남북한 고위관리자들이 평양에서 만난 모습입니다.

패스트 플레이 되는 화면.
승용차에 오르는 조 박사가 다혜와 악수를 나누는 모습에서
스톱모션.

측근1   / (英) 남자가 남한 유전공학 박사로 그 유명한 슈퍼콘을 만들
         어낸 사람이고, 그 옆에 있는 여자는 동경대학을 최우수로
         졸업한 북한 유전공학 박사입니다.

패스트 플레이 되는 화면.
떠나는 리무진과 승용차.
그리고 한동안 이를 바라보는 다혜의 모습에서..... 화면 Off.

측근1   / (英) 50년 동안 대화조차 하지 않던 나라가 이토록 빠른

진보를 보인 적은 없었습니다.

측근2 / (英) 정통한 소식통에 의하면 슈퍼콘과는 비교도 안 될 정도
        의 또 다른 슈퍼콘 실험이 비밀리에 진행되고 있다는 정보
        가 입수됐습니다.

Filter / (英, 회장) 남북한 합작인가?

총수   / (英) 그럴 공산이 크죠.

케인   / (담배 한 대 입에 문다.)

총수   / (英) 회장님께서 승낙만 하신다면야 계획은 있습니다만.

Filter / (英, 회장) 알아서 진행시키고 결과 보고하도록.

총수   / (英) 알겠습니다.

삐익! 소리와 함께 사라지는 Filter 음.

총수   / (英, 창가로 향하며) 이봐 케인, 요번 일도 자네가 처리해야
        겠어.

케인   / (英) 알겠습니다.

총수   / (英, 시거에 불을 붙이며) 명심해야 할 것은 저번 일처럼
        자국을 남기면 안 된다는 거야.

케인   / (英, 미소) 그래서 항상 청소기를 들고 다니지 않습니까?

총수   / (英) 후후! 난, 자네의 그 위트가 마음에 들어.

씬48. 텅 빈 사무실 (D)

창문 안쪽으로 알다가도 모를 최첨단 장비가
건너편 건물 총수실을 향하고 있다.
모니터엔 블라인드를 치는 총수의 모습이
열 감지센서 체온체로 보여진다.
회의 탁자에 앉아 있는 주변 인물들도 체온체로 출력된다.

텅 빈 사무실엔 일본 정보원들이 진을 치고 있다.
개중 모니터를 관찰하는 다께시의 모습.

Filter   / (英, 측근2-) 그러고 보니 자네가 묘한 키를 쥐고 있구만.
Filter   / (英, 홍콩총수-) 저들한테는 행복한 일이겠지만, 우리 고객
          들에겐 불행한 일이지.
Filter   / (英, 측근1-) 아마 자네가 실패하면, 남한 대통령이 훈장
          줄지 모르니 곰곰이 생각해 보는 건 어때?

측근1의 위트에 껄껄껄거리고 웃은 소리들.

NA   / (日, 다께시-) 놈들의 선택에 참견할 일은 아니지만, 세상
          참 묘하게 돌아간다. 275 옥수수의 성공 여부는 곧 남북한
          화합을 의미하거늘, 놈들은 지금 한나라의 운명을 놓고 저
          울질하고 있는 게 아닌가. 놈들 계획대로 275 옥수수를 막

는다면...... 이는 곧 통일을 막는다는 애긴데... 세상 참.

사과 한 입 쾌하게 깨무는 다께시.

〈 Ins / 홍콩항 전경
　　아름다운 홍콩항의 전경이
　　북한 장전항으로 오버랩 된다.〉

씬49. 장전항 부두 (D)

'장전항' 입간판이 선명한 부두.
....금강산관광선이 위용을 뽐내고 있다.
도착하는 리무진.
희립이가 뒷좌석으로 다가가자 차 창문이 열린다.

희립　　/ 잠시 쉬었다 가셔야겠습네다. 예정에도 없던 첩보위성들이
　　　　장전항을 훑고 있답네다.
보위부장 / (하늘을 보며) 간나새끼들, 낮밤이 없구만 기레.
　　　　기럼 들어가서 차나 한 잔 하고 가시디요.
　　　　돌격진달래차라고 들어보셨습네까?
국정부장 / 하하하! 이름 참 희한하군요.

커다란 창고로 들어가는 리무진.
금강산관광선에 오르는 여행객들을 바라보는 민규.

NA   / (민규-) 여기서 그녀를 만날 줄은 꿈에도 생각 못했다. 다
        시는 만나지 않으려 했건만..... 이게 바로 운명이란 것인가.
        운명 치고는 너무 가혹하다.

씬50. 이중 노출 (D)

[회의실]
남북회담 중
서류를 검토하는 다혜를 유심히 바라보는 민규.
(씬44와 동일한 장면)

[승용차 안]
연구소를 떠나는 승용차.
백미러를 통해 멀어지는 다혜의 모습을 눈에 넣는 민규.
멀어져도 다혜는 움직임이 없다.

씬51. 장전항 부두 (D)

"받으라우!"......
희립의 목소리에 뒤돌아보면 휙 날아오는 권총.
엉겁결에 받는 총이지만 제법 잡는 총 솜씨다.
....품에 넣으면

희립 / 확인 안 하네?

민규 / 믿어야지.

희립 / 허!...... 믿는 놈이 열차에 폭탄을 설치하네.

민규 / 자네 지금 놈이라고 그랬어?

희립 / 기럼, 에미나이네.

민규 / (실없는 웃음)

희립 / 기래, 실컷 웃으라우.

　　　나중에 백배 천배로 갚아줄 테니끼니.

민규 / 이젠 우린 우방이야. 같은 편 끼리 총질하면 쓰나.

희립 / 콩 까먹는 소리 작작 하라우.

　　　남조선과 우린 반 세기레 적대국이었어.

　　　정치적 상황이 바뀌었다고 그 근본이 바뀔 줄 아네.

　　　어림없는 소리.

희립의 말에 더 이상 토를 달지 않는 민규,
숨을 길게 내쉴 뿐이다.

한편, 초희와 석두, 별것도 아닌 일에 신경을 곤두세우고 있다.
보란 듯이 자유자재로 총을 다루고는
턱! 초희에게 건네주는 석두.
어디 너도 한 번 이렇게 해보란 듯이 바라보지만
허리춤에 있는 권총집에 슬그머니 권총을 넣는 초희.
열 받아 씩씩거리는 석두의 표정이 볼 만하다.

유람선을 바라보며 담배를 피우는 민규와 희립.

희립   / 우리 팔자가 한심하지 않네? 최첨단 무기를 다룰 때가 엊그
            제 같은데, 강냉이에 매달려 있으니.

민규   / 회의할 때 졸았나 보구만.

#뇌-C22 장진항 부두

2S/MBS

앞으로는 식량이 최고의 무기야.

희립   / 그거이 개발된다면 증말, 북남조선 전 인민이 먹을 수 있는
        쌀을 쉽게 얻을 수 있는 거이네?

민규   / 외려 남은 쌀을 어떻게 처리를 해야 할지 고민을 해야 할
        껄. 과자를 만들어야 할지, 개밥으로 줘야 할지.

희립   / 그만 하라우. 됐어.
        강냉이가 총알보다 빠르면 내 이해하갔디만, 지금은 이해
        가 안 돼야.

민규   / 나, 참 먼저 물어본 놈이 누군데.

희립   / 놈?

민규   / (뒤돌아 가며) 그럼 에미나이냐.

희립   / (열 받는다.) 간나새끼, 너 몇 살 처 묵었어?

민규   / (저편으로 향하며) 너보다 한 살 많아 간나새꺄.

희립   / 측살할 간나.

씬52. 연구실 (D)

멍하니 창밖을 바라보며 긴 숨을 내쉬는 다혜.

NA   / (다혜 -) 5년 동안 내 기억 속에 잠재되어 있던 한 남자.
        남조선사람이었다. (긴 한숨 소리) 남조선!..... 어쩌란 말인
        가.... 잊어야지.... 잊어야 한다. 하지만....... 잊혀질까?

#52-(1 연구실

Na. 다혜/ BS.

씬53. 이중 노출 (D)

[복도]

회의실로 들어가는 민규와 눈이 마주친 다혜.

.....그냥 스쳐지나간다.

(씬43과 동일한 장면)

[회의실]

벽면에 투사되는 슬라이드 자료를 보며 설명하는 민규를
유심히 바라보는 다혜.

(씬44와 동일한 장면)

[연구소 마당]

연구소를 떠나는 승용차

멀어지는 차를 바라볼 뿐 아무런 말도 못하는 다혜.

답답한지 손을 꼼지락 꼼지락거릴 뿐이다.

점점 멀어지는 승용차는 끝내 코너를 돌아 사라지고...

혼자 남는 다혜.........그리고 긴 한숨.

(씬50과 동일한 장면)

3주 후, 동경

씬54. 몽타쥬 (D)

[나리타 국제공항]
육중한 여객기가 배를 드러내며 착륙을 시도한다.

[회담장 주변]
치열한 기자들의 취재 열기 속에
삼엄한 경계를 펼치는 일본 경찰들.

[KBS 뉴스]
앵커우먼의 진행과 함께 우측상단 박스에
회담장에서 벌어지는 열띤 회의의 모습이 출력된다.

앵커우먼 / 심각해져 가는 아시아 식량 문제에 대한 본질적인 처방보다
　　　　　 는 사태 보고에 지나지 않는 형식적인 회담이 될 가능성이
　　　　　 크다는 전망입니다.

[북한 뉴스]
우직한 남자 앵커가 멘트를 한다.

앵커　　/ 오죽하면 식량 회담을 하겠습네까. 공화국 인민들이 식량
　　　　　 때문에 고통 받는 것처럼, 전 세계 각국의 인민들이 고통
　　　　　 받고 있는 게 현실입네다. 이에 위대하신 김정일 수령님께서
　　　　　 는 조금만 더 참고 기다리면 곧 좋은 날이 있을 것이라 훈시
　　　　　 하시면서, 오늘의 식량난을 미래의 척도로 삼자는 말씀을
　　　　　 하셨습네다.

[회담장 복도]
회담장 문을 열고 나오는 각국 대표단들.

[회담장 로비]
떠나는 고급 승용차들.
여전히 기자들의 취재 열기로 북새통을 이룬다.

씬55. 스위트룸 (N)

〈 Ins / 호텔 전경 〉
〈 Ins / 호텔 복도
      곳곳에 배치되어 있는 일본 경호원들.
      코너에 있는 스위트룸 앞에도
      경호원들의 모습이 보인다. 〉

[회의실]
다혜와 조 박사 그리고 일본의 마츠모토 박사가
노트북을 보며 대화를 나누고 있다.
뒤로 보이는 일본 측 경호원 2명.
믿어지지 않는다는 듯이 고개를 설레설레 저으면서도
관심을 보이는 마츠모토 박사.

마츠모토 / 토양과 일조량이 문제가 되지 않을까요?

다혜　　/ 275 옥수수엔 C4 식물군에서 추출한 세포가 있어, 일조량과
　　　　　는 상관이 없습네다.

조 박사 / 문제는 토양으로 일반 병충해와 공생이 불가능하다는 거죠.
　　　　　극단적인 청정지역이라면 모를까.

마츠모토 / 극단적 청정지역이라! 요즘 같은 세상에 그런 곳이 과연
　　　　　있을까요.

[거실]

소파에 앉아 있는 민규와 초희.

희립과 석두는 창밖을 바라보고 있다. (이하 4인방)

희립   / 기분 엿같구만 기레.

　　　　내레 경호대 하려고 특공댈 그만둔 게 아닌데.

석두   / 후후!

희립   / 아새끼, 어디서 웃고 지랄이네.

석두   / (웃음이 싹 가신다.)

희립   / 기래도 고저 미사일, 탱크, 전투기가 좋았는데....

　　　　이게 뭐이가? 사람 뒤나 졸졸 쫓아다니고.

초희   / 듣기 거북하니 입 좀 다무시죠.

희립   / 어이구, 여성동무레 벙어리가 아니었구만 기레.

　　　　난 벙어린 줄 알았어. 허허!

　　　　가만, 조금 전에 뭐라 기랬네?

초희   / (또박 또박) 입. 좀. 다무시라구요.

민규   / 여자라고 깔보면 큰 코 다쳐. 이래뵈도 유도 4단이야.

희립   / 어이구야, 어디 무서버서 말 걸겠나.

　　　　(폼을 잡아본다.) 어디 한 번, 덤벼 보라우.... 자!.... 자!

초희   / (어이없는 표정)

[회의실]

자신의 노트북에서 미니 디스켓을 꺼내

조 박사에게 건네주는 마츠모토 박사.
흐뭇한 미소와 함께 악수가 오간다.

씬56. 호텔 복도 (N)

땡동! 엘리베이터 문 소리가 들리자
시선이 엘리베이터로 향하는 일본 경호원들.
순간 ....피슝! 피슝!...피슝!
모습을 드러내는 케인 일당들에 의해
곳곳에 배치되어 있던 일본 경호원들이 목숨을 잃는다.

〈 Ins / 스위트룸 거실
            이어폰을 매만지는 민규와 초희. 〉

코너 스위트룸 앞에 있던 두 명의 경호원,
낌새가 이상한 듯 권총을 꺼내들지만
피슝! 피슝!..... 먼저 쏜 무리들의 총탄에 막고
그 자리에서 풀썩 쓰러진다.

씬57. 스위트룸 (N)

〈 Ins / 호텔 외경
　　줄을 타고 내려온 4명의 무리들,
　　반동을 이용, 창문을 향해 돌진해 들어가는데.... 〉

벌컥! 룸 문이 열리면서 들이닥치는 민규와 희립,
유리창을 박살내고 들어오는 놈들을 향해
사정없이 방아쇠를 당긴다.
놈들이 룸에 발을 디딜 땐 이미 시체가 되어 버린다.

씬58. 호텔 복도 (N)

스위트룸에서 박사들과 함께 나오려는 4인방과
케인 일당들의 총격전.
안 되겠는지 연막탄을 터트리는 석두.
희뿌연 연막이 복도를 꽉 메우자
드르르륵! 드르륵! 자동소총을 갈겨대는 케인 일당들.

연막을 뚫고 나가는 케인 일당들을 맞이하는 것은
커다란 냉장고다.
쉽게 말해 냉장고를 엄폐물로 삼아 탈출한 것인데....

총탄 자국이 수두룩한 냉장고 철판.

반대쪽으로 보이는 화물엘리베이터 벽면엔

냉장고 자국만 남겨놓고

사방에 총탄 자국이 수북하다.

씬59. 지하주차장 (N)

띵동! 화물 엘리베이터 문이 열리면서

4인방이 동시에 총을 겨누며 모습을 드러낸다.

일본 측 경호원 2명이 앞장서 나가고

그 뒤를 3명의 박사를 보호하며 전진해 가는 4인방.

#59-C4

하나 곳곳에 케인일당들이 숨어 있어 좀처럼 나아가지 못하고 총격전이 벌어진다.
한 치의 움직임도 없이 도도히 선 자세로
방아쇠를 당기는 4인방,
비록 서로의 느낌은 안 좋아도 위급 상황이 닥치자
죽이 착착 맞아간다.
한 사람이 탄창을 갈아 끼는 동안,
다른 한 사람은 총을 쏘고.....
또다시 멤버 체인지.

박사들을 보호하며 뒷걸음질치는 4인방.
두 명의 일본 경호원이 놈들의 총탄에 맞아 죽고
마츠모토 박사도 총탄에 맞아 죽는 사태가 발생한다.
엎친데 겹친 격으로 몸을 숨기다
미니 디스켓을 떨어뜨리는 다혜.
전등빛에 반짝이는 뭔가에 시선이 향하면
다혜의 은빛귀고리..... 그리고 그 옆에 놓인 미니 디스켓.

다혜   / 디스켓이 없으면 말짱 도루묵입네다.
희립   / 제기랄!

미니 디스켓을 향해 보무도 당당히 다가가는 민규와 희립,
총알이 빗발쳐도 피하려 하지 않고.... 철컥! 철컥!

마지막 탄알까지 다 쏜 듯 노리쇠가 후퇴되어 버리자
'앉아 쏴' 자세를 취한다.
그러자 두 사람을 엄폐물로 삼던 초희와 석두가
모습을 드러내며 방아쇠를 당긴다.
민규가 미니 디스켓을 챙기는 동안 탄창을 재결합하는 희립,
그 옆에 놓인 은빛귀고리가 눈에 들어온다.
철컥! 철컥!.... 초희와 석두의 탄알이 떨어지자
바통을 이어받는 민규와 희립,
뒷걸음치며 연신 방아쇠를 당겨
놈들이 총 쏠 틈을 주지 않는다.

순간 전방에 모습을 드러내는 케인,
드르르륵! 드르르륵!..... 자동소총을 갈겨대자
양 사이드에 있는 기둥 뒤로 몸을 날리는 4인방.
간신히 위기를 모면하지만
그때서야 비로소 경호해야 할 사람이 바뀐 것을 알게 된다.
민규와 초희는 반대편에 있는 조 박사를 보게 되고
희립과 석두는 반대편에 있는 다혜를 보게 된다.

총알이 떨어질 때까지 갈겨대는 케인..... 드르륵!
쓴 미소를 머금고는 수류탄 안전핀을 제거한다.
데구르르! 굴러가는 수류탄.
민규와 희립 일행들은 재빨리 몸을 피하고......

쾅! 수류탄이 터진다.

씬60. 컷트백 (N)

[복도]
초희가 뒤를 엄호하는 가운데
다혜의 손을 잡고 앞서서 뛰어가는 민규.

[기계동력실]
조 박사를 경호하며 뛰어가는 희립과 석두.
다리를 절룩거리자 안 되겠는지

#60-C2

track in (slow)

허벅지에 박힌 나무토막을 빼내는 희립.
끝이 보이지 않는 나무토막...... 이를 악물며 빼낼 만도 하다.

[식료품 창고]
문이 박차고 열리면서 민규 일행이 들어오고
추격해 오는 놈들과 일대 격전을 벌인다.

[기계동력실]
간간이 마주치는 놈들과 실랑이를 벌이는 희립과 석두.
탄알도 떨어지고 팔에 부상을 입자
재빨리 기계 뒤로 모습을 숨긴다.
나타난 놈들을 칼로 제압하고 놈들의 총을 손에 넣는 두 사람.

[식료품 창고]
놈들의 파상적인 공격에 허벅지 관통상을 입게 되면서
무릎을 꿇게 되는 초희.
아쉬운 미소 속에 이를 악물고는
민규가 건네준 총을 집어 쌍권총을 쏘아대고
그 틈을 이용해 다혜의 손을 잡고 저편으로 뛰어가는 민규.

[화물하역실]
육중한 고깃덩어리를 들고 냉동 창고로 향하는 인부들.
그 사이를 조심스레 질러가는 희립 일행.

[좁다란 복도]

빽빽이 쌓인 짐들을 헤치며 나가는 민규와 다혜.

피슝! 피슝!....

잠긴 쪽문 열어젖히자 희뿌연 연기가 엄습해 들어온다.

다름 아닌 사우나탕.

[식료품 창고]

쌍권총을 쏘아대는 초희, 끝내 탄알이 떨어지고

놈들의 총구가 초희에게로 향한다.

초연해지는 초희의 모습에서....

[화물하역실]

에코 되어 들리는 단발 총소리와 동시에

턱! 고깃덩어리가 선반 위에 놓인다.

대기 중인 냉동차로 들어가는 희립 일행.

이미 놈들이 당도했을 땐 냉동차가 떠난 뒤다.

경찰들이 몰려오자 모습을 감추는 놈들.

씬61. 사우나탕 (N)

뛰어 들어오는 케인과 부하들.

앞을 분간할 수 없을 정도로

실내는 온통 희뿌연 연기로 휩싸여 있다.

이어폰 마이크로 지시를 내리는 케인.

적외선 투시경을 착용하는 케인과 부하들.

사우나를 즐기는 사람들 모습이

불그스름한 형태로 보이는 가운데

민규와 다혜를 찾아 나선다.

한편 민규와 다혜는 뜨거운 탕 속에 들어가 있어

놈들의 적외선 투시경으로부터 벗어날 수 있지만

점점 포위망을 좁혀오자 안 되겠는지 물 속에 몸을 숨긴다.

#61-C1

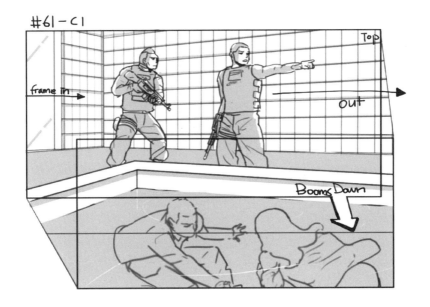

사주경계를 하며 천천히 걸어가는 놈들의 모습이
물 밖으로 보이고
숨을 참기에 버거운 다혜가 물 밖으로 나가려 하자
잡아당기는 민규,
처음엔 두 눈이 휘둥그레지며 당황하는 다혜,
하나 민규가 입맞춤을 통해
공기를 불어넣어 주는 것을 알고는 그대로 있게 된다.
그러면서도 놈들에게서 시선을 떼지 않는 민규.
하나 끝내 탕을 수상히 여긴 놈에 의해 발각되고
한바탕 총격전이 벌어진다.

비명소리와 함께 출구를 찾아 아우성거리는 사람들.
죽은 놈의 적외선 투시경을 빼앗아 쓰는 민규,
다혜의 손을 잡고는 희뿌연 안개 속을 헤치며 출구로 향하고
마주치게 되는 놈들을 한 놈씩 제거해 나간다.

죽은 부하들을 발견하는 케인,
안 되겠는지 무작정 자동소총 방아쇠를 당겨 버리자
...드르르륵! 드르르륵!
죄 없는 사람들이 총탄에 맞아 쓰러진다.

씬62. 호텔 앞 (N)

끼익! 멈춰서는 스포츠카.

차에서 내리면서 도어맨에게 키를 맡기는 차 주인.

하나, 도어맨이 아니라 민규다.

퀴르르륵! 퀵스타트를 하는 스포츠카.

황당해 어쩔 줄 몰라 하는 차 주인 뒤로

케인과 부하들이 튀어나오는데...

피슝! 피슝!..... 주변에 총탄이 박히면서 스파크가 일자

몸을 숨기는 케인과 부하들.

한 손으로 운전을 하며 고개를 돌려 방아쇠를 당기는 민규.

tracking + Pan

엄폐물에 몸을 숨겼던 케인,

후다닥 주변에 있는 차를 타려하지만

바퀴가 총탄에 맞아 펑크가 나 있다.

....다른 차량들도 마찬가지.

열이 있는 대로 받쳐 오르는 케인,

요란한 사이렌소리와 함께 패트롤카들이 몰려오자

하는 수 없이 호텔 안으로 모습을 숨긴다.

씬63. 달리는 스포츠카 (N)

바람에 흩날리는 머리를 애써 가다듬던 다혜,

자신의 상의에 묻은 피를 보고는 민규의 허리를 바라본다.

피로 물든 옷자락.

민규의 시선은 오로지 전방만을 향하고 있을 뿐이다.

탄창을 바꿔 끼는 피 묻은 손..... 숙련된 손놀림.

백미러를 통해 패트롤카들이 다가오는 것이 보이자

권총을 말아쥔다.

날카로운 눈매.

과연?.... 과연?........ 다혜도 조바심을 내는 가운데.....

다행히 패트롤카들이 스포츠카를 지나쳐 가자

안도의 한숨을 길게 내쉬는 다혜.

〈 Ins / 도로

　　빠른 속도로 달리는 스포츠카. 〉

씬64. 언덕 (N)

　　멀리 창공을 나는 비행기.

　　바다가 훤히 내려다보이는 언덕........ 아름답다.

　　네온 불빛 가로등 아래 주인 없는 벤치.

　　나무 뒤에서 다혜가 옷을 갈아입는 동안,

　　민규는 누군가와 통화를 나누고 있다.

　　〈 사이 〉

　　몸에 맞지는 않지만 그런 대로 간편한 옷차림의 두 사람,

　　벤치에 앉아 있다.

　　민규의 상처를 치료하는 다혜, 좀처럼 고개를 들지 않는다.

　　바람에 날리는 머리카락.

　　아무런 말없이 다혜를 바라보는 민규.

민규　　/ (어렵게 말문을 연다.) **땐 정말 고마웠습니다.**

　　　　이틀 동안 저를 간호하셨는데...

다혜　　/ 그걸 어떻게 아셨죠?

민규　　/ ....

다혜   / 저를 알고 계셨군요.

            전, 3주 전에야 비로소 당신을 알게 됐는데.

민규   / ....

다혜   / 저번엔 오른쪽이더니 요번엔 왼쪽이구만요.

            혹시 온몸에 상처투성인 아니갔죠?

민규   / 누군가 그러더군요. 영광의 상처라고.

다혜   / 그 사람, 혹시 정신 나간 사람 아닙네까?

후후후! .... 조금 어색했던 분위기가 사라진 듯.

다혜   / (고개를 설레설레) 제 힘으론 안 되갔습네다.

       병원으로 가야 되갔쇼.

민규   / 괜찮습니다.

다혜   / 총알이 박혀 있단 말입네다. 잘못하면―

민규   / 이 정도론 안 죽어요.

다혜   / 5년 전에 비하면 정말 이 정도는 아무것도 아니디요.

       기땐 제가 죽는 줄 알았습네다.

민규   / (미소)

몸을 돌려 앉는 다혜, 신은 스타킹 한 쪽을 벗는다.

...드러나는 뽀얀 살.

민규의 상처 부위에 찢은 옷가지를 대고

스타킹으로 허리 전체를 감싸는 다혜.

민규   / 한 가지 궁금한 게 있어요.

다혜   / 왜 도와줬느냐?

민규   / ......예.

다혜   / 언젠가 그런 생각을 해봤습네다.

       그게 궁금해서라도 한 번은 찾아오갔디.

       한 달, 두 달..... 1년, 2년......

       그게 벌써 5년째구만요. (씨익)

       ......꼭 대답을 해야 합네까?

민규   / (미소)

다혜   / (스타킹을 동여매며) 정보원이시니 추리를 해 보시라요.

바다 저편으로 보이는 뱃불들의 향연..... 바람이 제법 분다.

다혜   / 말로만 듣던 첩보전이 이런 거군요. 마츠모토 박사는 평생을
         연구에만 몰두한 사람인데...... 저런 봉변을 당하다니.
민규   / 첩보전엔 국경이 없습니다.
         목적을 위해서라면 수단과 방법을 가리지 않죠.
다혜   / (바다를 한동안 바라보더니) 이젠 어드렇게 해야 하는 겁네
         까?
민규   / 정 박사님을 안전지역으로 대피시키라는 명령입니다.
         인터폴 요원들이 길을 안내할 겁니다.
다혜   / 저 때문에 동료 분께서-
민규   / (말을 말고) 그런 말씀 마십쇼. 죽음을 각오하는 일이 우리
         직업이니까. 단지, 후배 옆에 내가 있지 못한 게..... 아쉬울
         따름이죠.

민규를 바라보는 다혜.

씬65. 달리는 스포츠카 (N) ══════

아름다운 도쿄의 밤 풍경들이 스쳐지나간다.

운전을 하는 민규.

바람에 흩날리는 머리를 가다듬다 말고는

민규를 바라보는 다혜......... 과연 무슨 생각을 할까?

어차피 이뤄질 수 없는 사랑이기에 낙심하는 걸까??

....표정이 그리 밝지만은 않다.

다혜가 고개를 돌려 전방을 주시하자,

요번엔 민규가 다혜를 슬쩍 바라본다.

씬66. 맥도날드 (N) ══════

〈 Ins / 고층건물 앞

　　　끼익! 도로변에 정차하는 묵직한 차바퀴.

　　　양복을 입은 사내 3명이 차에서 내려

　　　1층 햄버거 가게로 들어간다. 〉

손님들로 꽉 찬 맥도날드 내부

민규와 다혜가 있는 곳으로 향하는 사내들.

한 사내가 양복 안으로 손을 넣자

테이블 아래로 권총을 쥔 민규의 손, 노리쇠를 후퇴시킨다.

이를 아는 듯 천천히 양복에서 지갑을 꺼내는 한 사내,
인터폴 증을 보여준다.

하지모도 / (日) 도쿄지부 테러담당 하지모도입니다.....
　　　　　　이제 총은 치우시죠.
민규　　　/ (허리춤으로 향하는 총)
하지모도 / (日) 고생 많으셨습니다.
　　　　　　이젠 저희들이 안전하게 모시겠습니다.
민규　　　/ (日) 조 박사님은요?
하지모도 / (日) 돌아가셨습니다.

　　　　깜짝 놀라는 다혜. 이를 악 무는 민규

하지모도 / (日) 두 분만이 탈출하신 겁니다. 이 지역도 안전하진 않아
　　　　　　요. 일어나시죠.

　　　　하지모도가 앞장서고 그 뒤를 민규와 다혜가 따른다.

씬67. 복도 (N)

　　　　문을 열고 나오자 보이는 좁다란 복도.
　　　　끝으로 보이는 문을 향해 가는데........

두 명의 서양인이 예의 문으로 들어온다.
민규 일행을 보자 깜짝 놀라며 재빨리 총을 꺼내드는 서양인들.
그러나 인터폴 요원들의 총이 더 빠르고
두 명의 서양인은 총에 맞아 죽는다.

그 순간, 누군가 쏜 총에 인터폴 요원들이 차례차례 쓰러지자
검은 그림자 방향을 향해 재빨리 뛰어가는 민규.
코너를 사이에 두고 검은 그림자가 가까워지자
민규와 검은 그림자, 서로를 마주하며
서로의 이마에 총구를 겨눈다.
다름 아닌 다께시.

다께시 / (日, 미소) 오랜 만이군

한동안 흐르는 정적.... 하나, 쉽게 총을 거두지는 못하는 민규.

민규 / (日) 설명해 보시지?
다께시 / (日) 믿기 어렵겠지만 먼저 죽은 두 사람은 자넬 보호하러
온 인터폴 요원이고, 뒤에 죽은 세 놈은 돈에 매수된......
인터폴 요원들이지.

다께시의 말을 믿어야 할지? 말아야 할지?
판단이 안 서는지, 다께시에게 총구를 겨눈 채

다혜와 함께 비상구 쪽으로 향하는 민규.

쓰러진 하지모도의 손이 서서히 움직이더니
쥐고 있는 총을 힘겹게 들기 시작한다.
제대로 겨눈다면..... 대상은 다께시.
이를 눈치 챈 다께시,
민규에게 향했던 총구를 틀어 하지모도에게 향하지만
'만약에 자네가 요원을 쏘면, 난 자네를 쏠 수밖에 없어!'라는
식으로 고개를 설레설레 젓는 민규 탓에
총구는 다시 민규로 향한다.

다께시   / (日) 제기랄..... 내말을 못 믿나 본데, 내가 적이라면 자넨

#67-c24 복도

이미 죽었어.

민규   / (총구를 겨눈 채 뒷걸음질할 뿐)

곧 숨이 넘어갈 것 같은 하지모도, 총을 겨누기가 힘든 듯.
그래도 여전히 다께시를 향해 서서히 올라가는 총구.

다께시   / (日, 민규와 하지모도를 번갈아 보며) 충고 하나 할까?
         지금 밖으로 나가면 자넨 죽어. 짐작컨대 세 놈이 여길 올
         때 그냥 오진 않았을 꺼야.

민규   / (비상구문 문고리를 잡는다.)

다께시   / (日) 내 말을 믿게.......... 친구!

다께시의 찐한 눈빛.
민규는 과연 믿을 것인가? 아니면 쏠 것인가?
민규에게 선택권을 준 격인 다께시,
살기 위해서 민규에게 향했던 총구를 틀어
하지모도를 향해 겨눈다........ 피슝!

순간, 문이 박차고 열리면서 들이닥치는 케인 부하들.
싸늘히 식은 시신들만 널브러져 있을 뿐
세 사람의 모습은 코빼기도 보이지 않는다.
주방 쪽 문을 향해 뛰어가는 놈들.
개중 한 놈, 핸드폰으로 상황을 보고한다.

씬68. 엘리베이터 (N) ═══════════

도쿄항 전경이 훤히 보이는 크리스탈 엘리베이터,
올라가는 중이다.
민규와 다혜를 보며 미소를 짓는 다께시.
조금 전에 보여주었던 긴장감은 사라진 것 같다.

민규   / (日) 배후 윤곽은?........IFDC?

다께시   / (日) 아마도.

민규   / (日) 놈들이 탈출로를 알고 있다는 것은 배신자가 있다는
           애긴데...

다께시   / (日) 충성심 같은 건 사라진 지 오래야. 돈만 쥐어진다면
           국가를 헌신짝 버리는 일이 허다하지. 다행히 배신자는 이
           미 죽었어.

〈 F.B / 죽은 하지모도의 모습 〉

다혜   / 두 분, 아는 사인가요?

민규   / 오래된 친구죠. 국적은 틀리지만.

다혜   / 그런데 서로 총을 겨눕네까?

할 말이 없는 두 사람, 미소만 지울 뿐이다.

다께시 / (日) 보기 좋은데.

민규 / (日) 오해 하지 마.

다혜 / (알송달송?... 민규와 다께시를 번갈아 바라본다.)

다께시 / (日, 핸드폰) 도착했나?

Filter / (日, 조종사-) 지금 타시겠습니까?

엘리베이터 안으로 강한 라이트 빛이 비춰지고
창문 밑에서 서서히 모습을 드러내는 헬기,
이젠 엘리베이터와 같은 속도로 상승을 한다.
두말할 필요 없는 듯 핸드폰을 끄면
위에서 기다리겠다는 듯이 수신호를 보내는 헬기 조종사.
예의 헬기가 곧바로 상승을 한다.

씬69. 헬기 안 (N)

〈 Ins / 도쿄 상공을 조용히 나는 무소음 헬리콥터 〉

핸드폰 통화를 하느라 바쁜 다께시와 민규.

민규　　/ 조 박사님은 돌아가신 게 아닙니다.

　　　　안전지역으로 대피 중이세요.

다혜　　/ 다행이군요.

민규　　/ 정 박사님을 모시고 속히 귀국하라는 명령입니다.

다혜　　/ 예!......... 예? 어디로 말입넵까?....

　　　　남조선으로 말입네까?

#69-C1　헬기 안

민규   / 조 박사님께서도 조금 전에 북한행 비행기에 오르셨답니다.

　　　　만에 하나 모를 테러에 희생 당할 위험이 있기 때문이죠.

다혜   / 기래도 기렇디.... 왜 가꾸로...

민규   / 지금 남북한 진영을 따질 때가 아닙니다.

　　　　남북한 미래가.... 두 분께 달려 있거든요.

저편으로 보이는 활주로의 등불.

씬70. 활주로 (N)

출발 직전인 여객기,

애프터버너에 빨간 불기둥이 치솟아 올라

금세라도 튕겨 나갈 듯 보인다.

여객기 옆으로 헬리콥터 한 대가 착륙을 하고

내리는 민규와 다혜.

끼익! 도착하는 승용차에선 허벅지에 붕대를 두른 초희가

일본 정보원들의 도움을 받아 내리자

놀라는 민규, 죽은 줄만 알았건만...... 와락! 포옹을 나눈다.

민규   / 어떻게 된 거야?

초희   / 다행히 저 분 덕에 살았습니다.

저 분?......... 초희가 가리키는 곳을 바라보면
이륙하는 헬리콥터에 타고 있는 다께시다.
민규가 고맙다는 듯이 경례를 붙이자
미소를 지으며 경례로 답례를 하는 다께시.

씬71. 건물 옥상 (N)

스팅거 미사일을 어깨에 메고 조준을 하는 케인.

케인   / (英) 한방에 보내주마. 후후후!

조준경 시점 앵글.
마치 야간 투시경으로 보듯,
공항의 야경이 연녹빛으로 펼쳐져 보인다.
공항 청사에 걸린 간판 '나리타국제공항'이란 글귀가
선명히 들어오고
너머로 이륙 준비를 하는 아시아나항공 여객기가 보인다.

〈 Ins / 활주로
        애프터버너의 빨간 불기둥이 파랗게 변하면서
        튕겨 나가는 여객기...... 선명한 대한항공 마크.
        그 너머로 청사가 보이는데.......

'하네다국제공항'이란 간판이 선명하다. 〉

스팅거 미사일의 조준경에서 눈을 떼는 케인.

케인   / (英, 쓴 미소) 감쪽같이 속았군.

턱! 스팅거 미사일을 부하에게 던져주며 뒤돌아가는 케인.
너머로 공항엔 아직도 건재한 모습으로 서 있는
아시아나 항공 여객기.
항공요원들이 여객기를 수리하고 있다.

씬72. 여객기 안 (N) ▬▬▬▬▬▬▬▬▬▬▬▬▬▬▬

잔뜩 인상을 찡그리는 민규의 얼굴.
민규가 좌석에 엎드려 있고,
의사가 민규의 부상 부위에서 총알을 꺼낸다.
고통이 사라지자 긴 숨을 토해내는 민규.
이를 바라보던 다혜는 더 긴 숨을 내쉰다.

씬73. 활주로 (N)

〈 Ins / 착륙하는 대한항공 여객기 〉

김포공항 청사 간판이 선명하게 보인다.
탑승리프트를 통해 내려오는 다혜,
국정원 직원의 안내를 받아 승용차에 오른다.
그 뒤를 스튜어디스의 부축을 받으며 내려오는 민규와 초희,
엠브란스에 오르는데...
다혜를 태운 승용차가 서서히 떠나자
뒷좌석에 앉은 다혜와 눈이 마주치는 민규.
......서로 아무 말 없이 바라볼 뿐이다.

#73-⑥ 공항

씬74. 컷트백 (D)

[중앙당 전경]
커다란 김정일 위원장의 초상화가 걸려 있는 중앙당 건물.

[당책임자실]
오른쪽 팔 보호대를 한 석두와
왼쪽 다리를 약간씩 저는 희립이가 들어온다.
심사를 담당한 몇 명의 당 책임자에게 절도 있는 경례를 붙이
는 두 사람.

[병실]
등받이 베드에 환자복 차림으로 기대어 앉은 민규와 초희.

실장　　/ (다가와) 몸은 좀 어때?
민규　　/ 양호합니다.

[당책임자실]

당 책임자 / (서류를 검토하더니, 퉁명스럽게) 도대체 누굴 경호하고
　　　　　온 기야? 녀자하고 남자를 구별 못해 뒤바꿔 왔네?
희립　　/ 긴급 상황 발생시, 제 2 중요인물을 보호하는 게 저희들—
당 책임자 / (서류를 쾅! 덮으며) 아가리 닥치라우.

[병실]

실장   / 딴 사람도 아닌 북한 정보원에게 조 박사를 맡긴다는 건,
        도저히 이해되지 않는다. 북한은 아직도 적대국이야.
민규   / 이젠 적대국이 아닙니다. 동반국이죠.
실장   / 후후! 자넨 정치가가 아니야.

[당책임자실]

당 책임자 / 임무를 충실히 수행하지 못했다는 것은, 최고의 권위를
        자랑하는 공화국 정보부의 수치다. 보충할 설명 있으면 까
        발려 보라우?
희립   / (담담한 표정) 없습네다.

        가슴에 단 경호대 배지를 빼 탁자에 놓는 희립과 석두.

[병실]

실장   / 당분간 쉬는 게 좋겠군. 요양도 할겸.
실장보   / (실장에게 핸드폰을 건네주며) 받아보시죠. 청와댑니다.

[당책임자실]

당 책임자 / (수화기) 알갔습네다 부장 동무. 기렇게 조치를 취하겠습네
다....... 수고하시라요.

(통화를 마치고는, 미소) 기래도 남조선 박사 경호는 똑소
리나게 했구만 기래.

희립,석두 / ?

　　[병실]

핸드폰 통화를 마친 실장, 실없이 웃는다.

실장　　　/ 한 치 앞을 모르는 게 정치라더니.

민규,초희 / ?

　　[당책임자실]

희립과 석두의 어깨를 툭툭 두들겨주는 당 책임자.

당 책임자 / 위대하신 김정일 위원장님께서 두 동무에게 기대하는 바가
크다고 하셨으니끼니, 앞으로도 기런 투철한 사고관 가지
고 영웅 같은 행동에 맹철해 보라우.

희립,석두 / (동시에, 우렁차게) 더욱 더 맹철하겠습메다.

당 책임자 / (보고서를 부욱! 찢으며) 암, 기래야디...... 뭐하네?
뱃지는 가슴에 달라고 있는 기야. 날래날래 달라우.

배지를 집는 두 사람의 손,

너머로 당 책임자들이 박수를 쳐준다.

[병실]

실장   / 자네들 덕택에 고위급 남북회담이 성사됐어. 후후!...
        정치가 사람을 바보로 만드는구만..... 나중에 보세.
        (뒤돌아 나가려다.) 아차... 정 박사와 무슨 일이 있었나?
        정 박사가 자네 경호만을 원한다는구만.

[중앙당 복도]
당책임자실을 나오는 희립과 석두.

희립   / (빠른 발걸음) 날래 가자우. 맘 바뀌기 전에.

[병실]
천장을 바라보고 누운 민규와 초희.

초희   / (능청, 목발을 집고 일어서며) 언제 경호원으로 보직을 바
        꾸셨습니까? 누군 목숨 받쳐 엄호를 해 줬더니. 어디가 그
        렇게 마음에 드셨어요?
민규   / 그만 해.
초희   / (능청) 천장에 아른 거릴 테니 제가 자릴 피해드리겠습니다.

병실을 나서는 초희에게로 날아가는 베개.
숨을 길게 내쉬며 천장을 바라보는 민규,
아마도 다혜가 떠오른 듯.

제 2 땅굴

씬75. 열차 안 (N)

〈 Ins / 달리는 열차 〉
〈 자막 / 중국, 북경발 열차 〉

여행객들로 만원인 열차. 각양각색의 사람들.
카드놀이 하던 서양인 한 명이 소변이 마려운 듯
자리에서 일어나 출구 쪽으로 향한다.
양복차림이 한 사내가 반대편으로 가라는 얘기를 해 주지만
막무가내인 서양인,
주변에 있던 사내들이 무더기로 일어나자
그제야 지레 겁을 먹고 반대편으로 향한다.

다시 자리에 앉는 사내들,
아무 일 아니라는 듯이 잡지책을 펼친다.

칸과 칸 사이/
건장한 체구의 사내들이 보초를 서고 있다

다음 칸/
중앙 좌석에 마주하고 앉아 얘기를 나누는 고위급 관료들.
일본 정부 대표자의 중재로 열리는 회담이다.
〈 자막 / 일본, 외무성 장관 〉
〈 자막 / 남한, 농림부 장관 〉
〈 자막 / 북한, 인민무력부 장관 〉

협정서를 주고받으며 환한 미소와 함께
악수를 나누는 모습에서 눈에 확 띄는 협정서 타이틀.
....'남북한 공동개발 협정서'

씬76. 격납고 (N)

〈 Ins / 격납고 전경

　　　몇 대의 군 차량과 리무진이 들어오자
　　　경례를 붙이는 북한 병사들. 〉

〈 자막 / 북한, 중부전선 〉

군 후송차에서 내리는 사람들,
남녀가 섞여 있고 모두다 안경을 끼고 있어
군인다운 면모와는 동떨어져 보인다.
장비를 챙기는 수색대 대원들.
그 뒤로 리무진에서 내리는 조 박사와 보위부장.

보위부장 / 첩보 위성들이 비무장지대를 쥐 잡듯이 뒤지고 있답네다.
　　　기래서 이 방법을 택했으니끼니, 가시는 길이 누추하더라도
　　　양해해 주시라우요.
조 박사 / (미소) 별말씀을요.
보위부장 / (손목시계를 보더니) 약속 시간이 늦겄습네다.
　　　출발하시디요.

대기하고 있던 3대의 지프차에 힘찬 시동이 걸리면서
사방에 울려 퍼진다.
육중한 문이 스르륵 열리면서 안으로 들어가는 지프차들.

씬77. 땅굴 (N)

삭막하며 위압감이 느껴지는 땅굴.

달리는 세 대의 지프차.

한참을 달리다 보면

그런 느낌은 어느새 웅장함과 비장함으로 바뀐다.

〈 Dis- 〉

이젠 수색대가 앞장서서 걸어가고 그 뒤를 따르는 일행들.

〈 Dis- 〉

저편으로 보이는 땅굴의 끝....... 밝은 조명.

그것은 끝이 아니라 시작의 느낌으로 다가온다.

점점 환해지는 조명

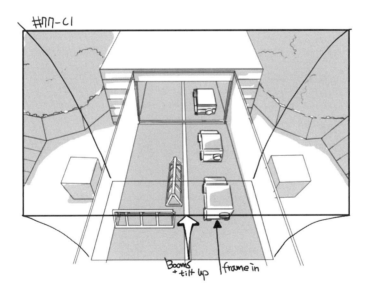

드디어 땅굴을 나서는 일행들.

씬78. 제 2땅굴 앞 (N) ═══════════════

〈 자막 / 남한, 중부전선 〉

대기하고 있던 남한수색 대장과 악수를 나누는 북한 수색대장,
서류를 건네주며 정감어린 대화를 나눈다.
'제 2 땅굴'이라 쓰인 푯말.

'키르르릉~!'거리며 남한 지프차와 셔틀버스에 시동이 걸리고
주변은 온통 관계자들의 차 소리로 진동을 한다.
그 소리가 마치 희망을 향해 용트림하는
오케스트라 연주를 연상케 한다.
조 박사와 악수를 나누는 국정부장,
당 간부와도 악수를 나누고는 대기하고 있던 차에 오른다.
서서히 움직이는 관계 차량들.
〈 F.O 〉

경기도 비밀 연구소

씬79. 몽타쥬

〈 F.I 〉

KBS 심야 토론.

앵커를 중심으로 두 명의 인사가 열띤 토론을 벌이고

이들의 토론 속에 275옥수수 연구의 전반적인 모습이

교차 편집된다.

인사1 / 우루과이 라운드 이후 값싼 농산물이 수입된다는 건 그 만큼

가계 부담을 덜 수 있는 것이죠.

인사2 / 문제는 외국 농산물들이 터무니없이 싸다는 겁니다.

인사1 / 그걸 누가 모릅니까. 우리나라도 상품을 팔기 위해선 —

인사2 / (말을 과감하게 막고) 농산물은 상품이 아니라 필수품입니다. 싼 맛에 외국 농산물을 사먹고 그 맛에 맛들이고 나면 저들이 가만 있을 것 같습니까? 그땐 부르는 게 값입니다. 아무리 비싸도 그땐 사먹어야 할 형편이 될 꺼구요. 왜냐? 가격경쟁력을 잃은 농민들이 농사를 왜 짓겠습니까? 만날 적잔데. 그때 가서 우리나라 농산물 찾아봤자 이미 때는 늦은 겁니다.

인사1 / 너무 부정적인 생각만 하시는 것 같군요.

인사2 / 미래의 농산물은 핵무기보다 수백 배 강한 무기나 다름없습니다. 나라의 흥망성쇠가 그 나라 농산물에 달려 있다고 해도 과언이 아니죠. 비록 비싸더라도 우리나라 농산물을 애용해야지, 우리 자식들이 편히 살 수 있는 겁니다. 자식들에게 훌륭한 문화유산을 넘겨주는 것도 중요하지만, 자식들에게 우리나라 농산물을 먹게 하는 것도 바로, 우리들이 해야 할 중요한 일입니다.

275 옥수수 연구에 관한 전반적인 모습들.
접합되지 않았던 DNA 구조들이 하나 둘 접합되어 가는 모니터 CG.
얼기설기 꼬인 DNA 구조에 기하학 공식이 하나씩 쓰여 있으며 아직 연결되지 않은 가닥들도 보인다.
결과들이 돌출될 때마다 신중히 바라보는 남북 과학자들.

토양실험실에선 275 옥수수 싹들이 무럭무럭 자란다.

비록 알맹이는 보이지 않지만

광학 현미경을 통해 관찰되는 씨눈들.

그 숫자를 체크해 나가는 박사들.

비록 숫자는 275지만 성장 중단이란 판정이 내려진다.

...'275---성장 중단'

또다시 거듭되는 연구.

취득된 화합물을 옥수숫대에 접미시키는 실험.

특수 배양실에 놓이는 샘플 옥수숫대.

스프링클러의 힘찬 물줄기. 그리고 적정 온도 유지.... 21도

번번이 '275---성장 중단'

메시지를 출력하는 컴퓨터 모니터.

결코 쉽지 않은 연구인 듯싶다.

씬80. 남한 휴전선 (N)

〈 자막 / 15일 후, 동부전선 〉

부슬부슬 내리는 비.

판초우의를 입은 남한 수색대가 철책을 통과해 나온다.

수색대에 속한 희립과 석두를 맞이하는 민규와 초희.

.....묘한 느낌.

민규   / 살아 있었군.

희립   / 기럼 돼지길 바랬네?

민규   / 후후!..... 알지?

시니컬한 표정으로 천천히 두 손을 올리는 희립.

몸을 수색하는 초희,

허리춤에서 권총을 꺼내자 민규에게 건네준다.

예전에 당했던 대로 똑같이

희립의 얼굴 가까이 다가가서는 나지막이 엄포를 놓는 민규.

민규   / 조심해! 여긴 대한민국이야.

        ....잘못하면 돼지는 수가 있어. (미소)

#80-C3

OS.   MBS

희립의 몸을 마저 수색하는 초희,
안주머니에서 만년필을 꺼내고는 역시 민규에게 건네준다.

민규   / 어디서 많이 보던건데?..... 혹시 독침은 아니겠지?
희립   / 미친놈! 니꺼 아니네. 줄려고 가지고 왔어.
         싫으면 관두라우.

희립이가 만년필을 **빼앗으려** 하자 뒤로 빼는 민규.

희립   / 그 만년필 쓸 때 조심하라우.
         찔리는 순간 살가죽이 **뻘겋게** 물들 테니끼니.

만년필 뚜껑을 열어 손등에 그어 보는 민규, 빨간색 잉크다.
미소 짓는 민규.

석두의 몸도 수색하는 초희, 안주머니를 수색하던 중 멈칫.
꺼내보면, 빨간색 장미 한 송이.
무표정하게 서 있던 석두의 얼굴이 화사한 미소로 바뀐다.
한 술 더 떠 두 손 들고 있는 손을 살며시 모으자.... (하트
모양)
석두의 허벅지를 수색하는 척하며 사타구니를 힘껏 올려치는
초희.
욱!..... 석두의 미소가 똥 씹은 표정으로 바뀌고

허리춤에서 권총을 빼 내는 초희의 무표정,

뒤돌아 민규에게 건넬 땐 미소를 숨기지 못한다.

씬81. 숏컷 (D)

[연구소 전경]

〈 자막 / 경기도 □□ 연구소 〉

연구소란 이미지에 떨어지는 아담한 3층짜리 건물 하나.

검은 승용차 한 대가 현관 앞에 정차를 하고 내리는 4인방

(민규, 초희, 희립, 석두)

주변을 둘러보면 요새처럼 사면이 산으로 둘러싸여 있다.

[로비]

엘리베이터에 오르는 4인방.

[엘리베이터 통로]

내려가는 엘리베이터. 그 끝이 보이지 않는다.

[엘리베이터 안]

'2...1...▼...-3 -2 -1'라 표시된 층수표지판.

▼ 마크가 계속 깜빡일 뿐이다.... 나지막이 흘러나오는 음악.

희립   / (한동안 충수 표지판을 바라보더니) 아직 멀었네?

민규   / 음악은 괜히 틀어주는 게 아니야.

희립   / 남조선은 땅굴을 깊게 파는구만 기레.

[지하연구실]

유리벽 너머로 최첨단 연구실의 내부시설이 훤히 보인다.

남북한 박사들이 모여 앉아 회의를 하는데..... 어색한 분위기.

조금은 경계하는 눈빛이 역력하다.

이들을 바라보는 경호원들도 마찬가지.

NA   / (희립-) 첩보 위성으로부터 노출되기 힘든 곳에 남조선
          비밀 연구소가 있었고, 우린 공화국 과학자들의 안전과 경
          호 임무를 맡아 기곳에 배속되었다. 한 번도 만난 적이 없는
          북남 과학자들이 한곳에 뭉쳐 프로젝트를 진행하기에 기대
          는 컷었디만, 보름이 지나도록 이들은 쉽게 동화되지는 못
          했다.

[식당]

식사를 하는 남북한 과학자들.

확연하게 구분될 수 있을 정도로

따로 따로 앉아 조용히 식사를 한다.

남한 과학자들끼리, 북한 과학자들끼리.

덩달아서일까...... 남한 경호원들끼리, 북한 경호원들끼리.

[휴게실]

98년 방콕 아시안게임이 텔레비전을 통해 방영되고

이를 시청하는 남북한 과학자들과 경호원들.

여자탁구 남북대결이 펼쳐지는데.

....여전히 따로 따로 응원한다.

북한 선수가 이기면 북한 과학자들이 좋아하고

남한 선수가 이기면 남한 과학자들이 좋아한다.

서로 융화되지 않는 분위기.

씬82. 희립 숙소 (N)

〈 Ins / 연구소 전경

　　　'2층/ 남자 기숙사, 3층/ 여자 기숙사'란 푯말이 보인

　　　다. 창문을 세차게 닫는 석두..... 쾅! 〉

런닝 차림의 희립, 탁자에 놓인 옥수수 알맹이를 하나씩 하나

씩 옮기며 손수 세고 있다. "123, 124, 125...."

차분한 희립과는 반대로

이리저리 서성이며 불안한 표정을 짓는 석두.

석두　　/ 실장동무, 내레 정말 미치갔습메다. 일당백!

희립,석두 / (동시에) 일당천!

　　　　　 남조선은 항상 우리의 적이었습메다.

희립　　／ 이제 좀 레파토리 바꾸라우. 지겹지 않네?

석두　　／ 같은 밥 먹고, 같이 자고...

　　　　　 도대체 어드렇게 리해를 해야 하는 겁네까?

희립　　／ 박 동무레 여직 경험이 없어서 기런 기야.

　　　　　 생각을 바다처럼 넓게 써보라우.

석두　　／ (머리를 쥐고 흔들며) 기거이 안 되니까 이러디요.

옥수수 알맹이를 옮기다 숫자를 까먹는 희립.

희립　　／ 아새끼, 까먹었지 않네.... 쯔!

　　　　　 (옥수수를 합치더니 처음부터 다시 셈을 한다.

　　　　　 한 알씩 옮기며) 하나! 둘! 셋! ....

셈하다 말고는
침대에 우두커니 앉아 있는 석두를 바라보는 희립.

희립　　／ 이보라우 박 동무, 공화국 인민의 피 끓는 염원이 뭔 줄
　　　　　 아네?

석두　　／ (자신 있게) 기야 통일이디요.

희립　　／ 기럼, 통일을 위해 50년 동안 한 게 뭔 줄 아네?

석두　　／ 예? (아무 말 못하자)

희립　　／ 기게 바로 정답이야.

석두   / 무슨 말 하는 겁네까? 된통 모르갔쇼?
희립   / (귀찮다는 듯이) 잡소리 집어치우고.....
        보라우. 물 끓고 있지 아나.
        꼬부랑 국수나 빨리 넣으라. 배고파 뒈지갔어.

        휴대용 가스레인지 위에 놓인 냄비, 물이 끓고 있다.
        석두가 북한라면을 넣으려 하자

희립   / 고거 말고 남조선 꺼 있잖네.... 신ㅡ라면!
        그거이 왔다야 왔다.
석두   / (너무하다는 듯이) 실장동무, 공화국 인민이면
희립,석두/ (동시에) 공화국 것을 먹어야 디요.
희립   / (버럭, 지겹다는 듯이) 그 레파토리도 좀 바꾸라우.
        귀가 간지러 죽갔어 야.

        한 손엔 북한라면, 다른 한 손엔 신라면을 들고 있는 석두,
        어떻게 해야 할지??

희립   / 박 동무, 솔직히 말해 보자우.... 맛만 놓고 보는 기야.
        고거이 맛있네? 그거이 맛있네?

        두 라면을 번갈아 보더니, 신라면을 들어 보이는 석두.

희립   / (미소) 생각할게 뭐 있어.... 넣으라.

석두   / 기래도—

희립   / (말을 막고) 아까 내레 뭐라 기랬어.

         생각을 바다처럼 넓게 쓰라 기랬디.

하는 수 없이 냄비에 신라면을 넣는 석두.

〈 사이 〉

후루룩! 후루룩!.... 라면을 먹는 두 사람.

희립   / 애기 안 할라고 그랬는데... 박 동무레 남조선은 우리의 적이

         라고 하지 않았어?

석두   / (자신있게) 기랬디요.

희립   / 근데, 와 남조선 여성동무한테 꽃은 선물하네?

석두   / (라면발 입에 넣다 동작을 멈춘다.)

희립   / 휴전선 넘어올 다 봤어야.

석두   / (활짝 미소를) 기걸 보셨습메까?.... 쑥스럽게스리

희립   / 아새끼, 적을 사랑하는 주제에.....

         앞으론 사상 논쟁하지 말라우.

석두   / 실장동무, 사상과 사랑은 다른 겝네다.

희립   / (턱! 젓가락을 내려놓더니, 신경질적) 뭐가 다르네?

석두   / 위대하신 지도자 동지를 사랑합네까?

희립   / (목소리 높여) 열열이 사랑하디.

석두   / 하디만..... 위대하신 지도자 동지와 결혼할 순 없지 않습네

까?

희립　　/ ???

생각해 보니 그렇다.

할 말이 없는 희립, 다시 젓가락을 집을 뿐.

희립　　/ 근데 말야, 이왕 선물할 꺼면 쌈박한 걸 할 것이디 장미꽃이

　　　　뭐네. 쪼잔하게스리. 기거이 80년대 사랑법이야, 요즘은 -

　　　　(문뜩 생각이 난 듯) 맞아, 하나 궁금한 게 있어?

석두　　/ 뭡네까?

희립　　/ (동작을 취하며) 이거이 뭐이네?

몸수색하기 위한 동작처럼 두 손을 들더니 손을 가지런히 모

으는 희립.

석두　　/ 하하하! 사랑한단 뜻 아닙네까. 사랑!

　　　　(동작을 고쳐주며) 고거이 아니구 이겁네다.

　　　　하트모양을 만드시야디요.

희립　　/ 요즘 아새끼들은 별 희한한 걸 다 만들어 쓰는구만 기레.

씬83. 몽타쥬 ▬▬▬▬▬

[휴게실]

98년 방콕 아시안게임 한국 대 중국 남자 농구 결승전이
텔레비전을 통해 방영되고
이를 시청하는 남북한 과학자들과 경호원들.
한국 선수가 골을 넣자 와~! 함성을 지르며 좋아한다.
따로따로가 아닌 하나 된 모습.
중국 선수의 볼을 가로채기라도 하면 더 큰 함성을 질러댄다.
특히, 석두!
멀리 떨어져 있지만 서로를 보게 되는 민규와 다혜.
민규가 먼저 시선을 돌린다.

NA   / (민규-) 그녀를 다시 만난 지도 벌써 보름이 흘렀다. 임무
        특성상 매일 보지만, 우리들의 만남은 아픔인 것을 알기에
        피할 수밖에 없었다.

[지하연구실]

회의 탁자에 앉아 열띤 토론을 벌이는 남북한 과학자들.
멀리서 이를 지켜보고 있는 민규와 눈이 마주치는 다혜.
민규가 먼저 이를 외면한다.

NA   / (다혜-) 의도적으로 나를 피한다는 걸 느낄 수가 있었다.

그럴 수밖에 없는 마음을 이해하디만.... 언제까지 이런 관계
가 지속되는 걸까?...... 이렇게 가까이에서 볼 수 있다는 것만
으로도 왜 난, 행복해 하는 걸까?...... 이게 여자의 마음일까?

[복도]

옥수수 샘플을 들고 엘리베이터로 향하는 다혜.
엘리베이터 안엔 민규가 타고 있지만 닫히는 문.
발걸음을 멈춘다.

[식당]

밝은 표정으로 대화를 나누며 식사를 하는 남북 과학자들과

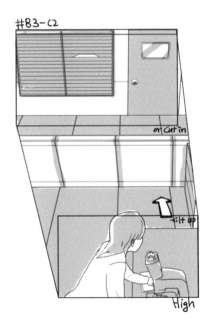

경호원들, 따로따로가 아니라 섞여 있다.
식판을 들고 주방 쪽으로 향하는 민규를 바라보는 다혜.

[지하연구실]
광학 현미경으로 세포를 관찰하는 다혜,
목이 뻐근한지 고개를 돌리다
사무실에서 자신을 바라보고 있는 민규와 눈이 마주친다.
이내 쳐지는 사무실 블라인드.

[사무실]
쳐진 블라인드를 살짝 들쳐 현미경과 씨름하는 다혜를
훔쳐보는 민규.

NA   / (민규-) 하나, 피할수록 더욱 더 보고 싶어지는 까닭은 무
         엇일까?........ 이게 바로 사랑인가?....... 제발 사랑이 아니길
         바라는 내가 어떨 땐, 바보스럽기만 하다.

[민규 숙소]
침대에 누워 곰곰이 생각에 잠기는 민규.
담배 한 모금 길게 내뱉으면 날리는 담배 연기 속에
사우나탕 속에서 키스를 나누던 모습이 아로 새겨진다.
담배 연기가 사라지면 이내 다혜의 모습도 사라진다.

씬84. 지하연구실 (D)

사무실을 나서는 민규, 티 테이블로 향하다 멈칫.
이미 다혜가 먼저 와 있어 차를 타고 있다.
민규가 커피를 타려 하자

다혜   / 커피보다는 따뜻한 홍차가 몸에 좋습네다. (미소)
       제가 타 드릴 께요.

잠시 말이 없는 두 사람.

다혜   / (티스푼을 저으며) 하루, 이틀, 일주일, 이주일......

#84- C1

focus play

벌써 보름째구만요.

당신이 의도적으로 나를 피한 날이디요.

민규 　/ (바라본다.)

다혜 　/ (미소) 예전엔 5년을 기다려본 적도 있는데요 뭘!

　　　(홍차를 건네며) 피한다고 마음마저 멀어집네까?

민규 　/ 네?

저편으로 향하는 다혜를 바라볼 뿐인 민규.

다혜 　/ (돌연 멈춰 선다.) 남자가 뭐 기럽네까?

　　　......용기도 없이. 마음의 문을 좀 여시라요.

코너를 돌아 사라지는 다혜.

그 빈자리를 한동안 바라보는 민규,

발걸음 따로 생각 따로 움직이는 듯하다.

씬85. 사무실 (D) ━━━━━━━

민규가 사무실로 들어오자 장기를 두던 희립과 석두가 바라
본다.

희립 　/ 석잔 타온다고 하지 않았?

기리고 이건 홍차 아니네?.... 흑차 타온다면서?

민규   / (홋잣말) 마음의 문!

희립   / 흑차라니끼니.

민규   / (후다닥! 밖으로 나가자)

희립   / 아새끼, 떨떨하기는.

씬86. 엘리베이터 (D)

〈 Ins / 엘리베이터 통로
   올라오는 엘리베이터. 〉

찐한 키스를 나누는 민규와 다혜.

#86 - C2

거친 심호흡소리와 질퍽한 입술소리가 요동을 친다.

〈 Ins / 엘리베이터 통로

　　올라가는 엘리베이터.

　　1층에 도달하려면 아직도 까마득해 보인다. 〉

씬87. 사무실 (D)

〈 Ins / 연구소 전경 〉

전화 통화를 나누고 있는 희립.

희립　　/ (수화기) 오늘은 전 직원이 신체검사하는 날이라 현재 체육
　　　　관에 있습네다. 김정일 위원장 동지의 위대한 위업에 금가
　　　　지 않도록 각별히 경계에 맹진 하갔습메다.
　　　　(큰 목소리로) 충성!
　　　　(수화기를 쾅! 내려놓으며) 미치갔구만 기레.
　　　　내레 정보원이지 경비원이가.
　　　　차라리 경호대 녀석들을 내려 보낼 것이다.
　　　　(뭘 봤는지, 버럭) 넌 지금 상관이 열 받아 있는데 목구멍으
　　　　로 넘어가네.

석두　　/ (컵라면을 먹다 동작을 멈춘다.)

희립   / 쌍.... 으디 가서 콱 성질 좀 풀었으면 좋갔구만.

씬88. 몽타쥬 ━━━━━━━━━━━━━━━━━━

[체육관 /D]
유도복장의 희립, 석두의 도복을 잡더니 사정없이 엎어 매친다.
도복을 입은 초희가 들어오자,
한판 붙어보자는 듯이 옷고름을 매만지는 희립.
〈 사이 〉
이얏 ...쾅.....쾅!쾅!.....
초희의 들어 매치기에 대 자로 뻗어버리는 희립.

#88-C5

초희 　　/ (미소) 한판 더 할까요?

희립 　　/ (열 받았다.) 쌍! ...... 딴 걸로 해보자우.

[실내 사격장 /D]

탄착점에 놓인 빈 캔들. 권총 사격을 하는 희립, 석두, 초희.

초희가 한 발을 놓치자 껄껄껄 웃는 희립.

희립 　　/ 이렇게 쏴 봤네?

권총을 반대편 허리로 뒤로 해 사격을 한다.... 탕!

빈 캔이 뒤로 자빠지자

초희 　　/ (나가며, 씨익) 서커스 출신인가 보죠.

희립 　　/ 뭐이 어드래? (멀어지는 초희를 보며)

　　　　　애미나이, 생긴 건 반질반질하것만 성질머린 영.

석두 　　/ 기래도 예쁘지 않습네까?

희립 　　/ 얼굴만 예쁘면 뭐하네? 마음이 고아야디.

[연구소 밤 전경 /N]

[숙소 복도 /N]

방문에 노크를 하는 희립. 잠시 후 다혜가 방문을 연다.

희립   / 별 일 없죠?... 무슨 소리가 난 것 같아서리

다혜   / 지금 막 들어왔는데 무슨 말씀이십네까.

        기러고 여긴 여자 방입네다. 이래도 되는기야요?

희립   / ....별 일 없으면 이만.

[다혜 숙소 /N]

문을 닫는 다혜..... 문 뒤엔 민규가 숨어 있다.

휴~! 안도의 한숨을 내쉬며 서로를 바라보는 두 사람,

찐한 키스를 나눈다.

침대로 향하며 탁자 위에 차례차례 놓이는 물건들.

...안경...권총...증...탄창....

[화장실 /D]

소변을 보는 희립과 석두.

머리에 기름을 발라 올백으로 넘긴 석두.

희립   / 농구 시합하는데 머리에 웬 기름칠이네?

석두   / (머리카락 한 올을 내리며) 다, 이유가 있으니끼니 그러디

        요..... 먼저 가겠습네다.

희립   / 간나새끼, 사상타령하더니 완전히....!!

[실내 체육관 /D]

남한과 북한 간의 농구 시합이 벌어지고 있다.

민규와 초희의 빠른 발놀림에 고전을 면치 못하는 희립과 석두.

희립   / (헉헉) 박 동무, 철통 같은 수비를 악착같이 펼치라우. 가락
        지빵 내기니끼니........ 밥 처먹고 농구만 했네? 와 이리 잘
        하는 기야.

'15 : 3'을 가리키는 점수 표지판.
민규의 패스를 받은 초희가 드리블을 하자 석두가 막아선다.
패스를 못하게 손을 휘젓다 그만 초희의 가슴을 만지는 석두.
여지없이 초희의 손바닥이 석두의 뺨을 가격한다....... 짝!

씬89. 희립 숙소 (N)

거울을 보며 뺨을 만지작거리는 석두,
기분은 그리 나쁘지 않다.
등과 허리에 파스를 잔뜩 붙인 채로 서류를 검토하는 희립.

희립   / 여자한테 뺨맞고 좋아하는 놈은 난 생 처음 보는구만 기
        레..... 아이고 어깨야.
석두   / 헤헤!... 몇 대 더 맞아 볼랍네다.
희립   / 꿈 깨라우. 내레 남남북녀란 말을 들어봤어도 남녀북남이란
        말은....

다혜의 신체검사지를 보더니 표정이 굳어진다.

석두   / 기래도 한 번 해볼랍네다. 초희 동무를 생각하면 내레−
희립   / (버럭) 꿈 깨라 하지 않네.

'왜 그러지?....' 하는 표정의 석두.
담배 한 대 입에 무는 희립, 한 모금 길게 내뱉는다.

#89-C1

focus play or Cut in

씬90. 숏컷

NA   / (희립-) 두 사람이 사랑하고 있다는 것을 두 달이 지나서야
     알게 되었다. 남녀 사랑이야 아름답디만, 이들의 사랑은 결
     코 아름다울 수가 없는 불행한 일 아닌가. 아무리 생각해도,
     불가능한 일이기에 난 이들의 사랑을 용납할 수 없었다.

[휴게실 /D]
연구소 직원이 한데 모인 가운데 조촐한 파티가 벌어진다.
다혜가 케익 촛불을 끄는 것을 보아 다혜의 생일.
민규에게 선물을 받으며 밝게 웃는 다혜.....
풀어 보면 빨간 손수건.
예전에 민규 부상을 치료해준 그 손수건이다.
이어지는 다혜의 미소.

[복도 /D]
정답게 얘길 나누며 걸어가던 민규와 다혜,
다른 사무실에서 누군가 나오자 떨어져서 걸어가기 시작한다.
그 모습을 뒤에서 지켜보는 희립.

[유리하우스 /D]
옥수수를 관찰하며 데이트를 즐기는 민규와 다혜.
다혜에게로 연구원들이 다가오자 슬그머니 뒤로 빠지는 민규.

[숙소 전경 /N]

3층 다혜의 숙소에 전등불이 꺼지자

멀리서 이를 지켜보는 희립.

씬91. 민규 숙소 (N)

문을 열고 들어오는 민규, 전등 스위치를 올리자 깜짝 놀란다.

소파에 앉아 담배를 피우고 있는 희립.

민규　/ 여기서 뭐 하는 거야?

희립　/ 내래 할 소릴 하는구만 기레.

민규　/ (상의를 벗으며) 이 시간에 무슨 일인데.

희립　/ 이제 그만 끝내라우.

민규　/ (멈칫) 뭘?

희립　/ (담배를 끄며) 한 마디만 하갔어.

　　　임무에 충실하라우, 딴 데 신경 쓰지 말구.

　　　기게 우리 할 일이야. 알간? (문으로 향한다.)

민규　/ 자네가 참견할 일이 아니잖아.

말이 떨어지기 무섭게 뒤돌아

민규의 아구창을 한 대 날리는 희립....... 퍽!

씬92. 실내 체육관 (D) ━━━━━

글러브를 낀 채 권투를 하는 민규와 희립.
희립의 거센 주먹이 민규의 허점을 찾아 날아온다.
....퍽!퍽!퍽!

희립   / 간나새끼,
        그러고도 국가의 녹을 먹는 정보원이라 하갔어?
민규   / 국가가 사랑을 대신해주진 않아.
희립   / 놀고 자빠졌네... 비록 목적을 위해 같이 있디만,
        우린 아직 적대국이야. 사랑 같은 환상은 까부수라우.
민규   / 나도 많은 고민을 했다.
희립   / 쌍 간나새꺄.... 고작 3개월 고민한 게 한 거이가.
        좋은 말 할 때 정리 하라우.

민규가 고개를 설레설레 젓자 화가 치미는 희립,
무작정 주먹을 날리더니 회심의 어퍼컷을 날린다.
매트에 곤두박질치는 민규...... 쿵!

희립   / (글러브를 빼내 집어 던진다, 격양된 어투로)
        독종 같은 새끼, 북남이 만나 한 게 뭐이가?
        서로 죽고 죽이기를 50년 동안 반복했는데.
        뭐이, 사랑?

사랑은 책임질 수 있을 때 아름다운 기야.

.....책임질 수 있네?

민규   / (천장을 바라볼 뿐)

희립   / 책임질 수 없다면, 여기서 끝내라우.

'책임'이란 말이 에코 되어 민규의 귀에 들린다.

희립   / (옷을 입으며) 두 사람이 진정으로 사랑한다면,

둘 중 한 사람은 배신자가 돼야 하는 기야.

자네, 국가를 배신할 자신 있네?

아무것도 모르는 정 박사를 배신자로 낙인찍게 하지 말

라우.

#92-C7

쾅! 닫히는 체육관 문.
멍하니 천장을 바라보는 민규.

씬93. 다혜 숙소 (N) ═══════════

천장을 바라보고 있는 민규 옆으로 다혜의 얼굴이 파고든다.
침대에 누워 있는 두 사람.

다혜   / 무슨 생각을 기렇게 골똘히 하십네까?
민규   / 음, 아니야.
다혜   / (행복감) 이대로 영원히 있으면 좋겠다.
민규   / (사이) 우리 사이를 눈치 챈 것 같아.
다혜   / (벌떡 몸을 일으키더니) 누가요?........실장 동무?

민규가 고개를 끄덕이자 한숨을 길게 내쉬는 다혜.
이때 삐르르륵! 전화벨이 울린다.

다혜   / (수화기) 에..... 아뇨, 박사님..... 또 기래요.....
          알갔습네다. 지금 가디요.

수화기를 내려놓고 옷을 입는 다혜.

민규   / 무슨 일인데?

다혜   / 특수 배양실 온도계가 말썽을 부러서리.

         습기 때문에 종종 고장납네다. 금방 갔다오갔쇼.

씬94. 복도 (N)

숙소에서 나오는 다혜,

문을 닫는 순간 애써 미소를 짓던 표정은 근심으로 바뀐다.

문에 기대선 다혜.

잠시 후, 무거운 어깨를 한 채 층계로 향한다.

씬95. 이중 노출 (N)

[회의실]

다혜를 포함한 북한 과학자들이 한 손을 들어 서약을 하고

있다.

서약서를 읽어주는 당 간부.

"연구 활동 이외의 다른 행동과 생각을 하다 발각되면, 이는

위대하신 김정일 수령동지의 숭고한 업적에 반역하는 행위

로, 엄벌에 처할 것을......"

NA   / (다혜-) 두 달 전 약속 이행에 관한 당서약서에 서명을
        했었다. 기래서 항상 조심스러울 수밖에 없었는데. 이런 일
        이 발생할 줄 예상은 했었지만...... 두렵다....... 이제 행복은
        끝난 건가?

[지하연구실]
컴퓨터 앞으로 향하는 다혜.
키보드 옆에 바나나우유가 놓여 있자 사무실에 있는 민규를
바라본다.
오가는 미소.

[유리배양실]
손을 잡고 걸어가는 민규와 다혜,
연구원들이 다가오자 손을 살며시 놓는다.

씬96. 다혜 숙소 (N)

커튼 사이로 창밖을 바라보며 담배 한 모금 길게 내뱉는 민규,
임시 재떨이로 쓰는 빈 담뱃갑, 꽁초들이 몇 개 찌그러져 있다.
숨을 길게 내쉬고는 수화기를 들지만..... 먹통.
전원 스위치를 켜도 켜지지 않는 전등.
뭔가 불길한 예감이 스친다.

씬97. 연구소 옥상 (N)

옥상 문을 조심스레 여는 민규 시야에
전기배전반을 만지는 검은 형체가 눈에 들어온다.
스와트 팀 복장처럼 상하 검은 색 군복을 입은 놈.
예전 동경호텔에서 만났던 놈들을 연상케 한다.
(이하 케인 일당)
야간투시경을 쓴 채로 주변 경계를 하는 놈들.
어느덧 민규의 손은 허리춤에 있는 권총으로 향한다.

씬98. 희립 숙소 (N)

드르렁 푸우!....드르렁 푸우!
침대에 대자로 누워 코를 골며 자는 희립,
탁자 위에 놓인 삐삐의 미세한 진동 소리에 번쩍 눈을 뜬다.

씬99. 지하연구실 (N)

어둠 속에 귀청을 찢을 듯한 총성이 사방팔방에서 터져 나온다.
최첨단 장비는 이미 고물이 되어 스파크를 토해내고
바닥엔 엎드린 채 떨고 있는 남북한 박사들.

케인 일당들과 벌이는 초희와 석두의 총격전.
하지만, 시간이 흐를수록 불리한 건
권총밖에 없는 초희와 석두다.
야간투시경에 자동 소총으로 무장한 케인 일당들.

씬100. 로비 (N)

곳곳에 진을 치고 있던 케인일당들,

민규와 희립의 총부리 앞에 맥없이 쓰러진다.

.....피슝! 피슝! ...피슝! 피슝!

놈들이 쓰러진 뒤로 연구소 직원들의 안타까운 주검이

스쳐지나간다.

엘리베이터 앞을 지키고 있던 두 놈이 눈치를 채지만

민규와 희립의 총탄에 맞아 쓰러진다.

엘리베이터를 향해 달려가는 두 사람.

#100-C2

—track in

씬101. 지하연구실 (N)

칠흑 같은 어둠 그리고 정적.
사방팔방을 훑는 붉은색 레이저 광선들.
박사들을 보호하는 초희와 석두,
점점 포위망이 좁아지는 것을 느끼지만
뾰족한 방법을 모색하기 힘들어진다.

씬102. 로비 (N)

강제로 엘리베이터 문을 열고
무작정 엘리베이터 줄에 몸을 던지는 민규와 희립,
끝도 보이지 않는 어둠 속으로 주욱 내려간다.

씬103. 지하연구실 (N)

이대로 가다가는 안 되겠는지,
초희가 석두에게 양쪽으로 갈라지자는 사인(Sign)을 보낸다.
목적지는 한 곳뿐. 엘리베이터를 가리키는 초희.
굳은 악수가 오간다.

석두   / 좋은 세상에서 다시 만납세다.

초희   / (찐한 미소)

동시에 일어서서는 놈들을 향해 총을 쏘면서 양쪽으로 갈라
지는 두 사람.

조 박사는 초희를 따라가고, 다혜는 석두를 따라간다.

엘리베이터를 향해 몸을 아끼지 않는 전진 스탭.

하나, 드르르륵~드르륵!

놈들이 기관소총을 갈겨대는 바람에 조 박사가 부상을 입는다.

탄알이 떨어지는 초희,

끝내 놈들의 레이저 광선이 등에 머물면서

단발의 총소리와 함께 최후를 맞이한다.

탄알이 떨어진 석두도 최후를 맞이하는 건 마찬가지.

'파샷!.....' 하는 소리와 함께 불을 밝히는 전등.

사방엔 주검들이 널려 있고,

연구실은 완전 쑥대밭이 되어 있다.

바닥에 쓰러졌으나 아직 죽지 않은 석두,

코앞에 있는 탄피 하나를 발견하고는 간신히 탄피를 움켜쥐

건만 ....탕!..... 단발 총성과 함께 더 이상 움직이지 않는다.

〈 Ins / 엘리베이터 통로

　　　　올라오는 엘리베이터를 향해

천천히 줄을 잡고 내려가는 민규와 희립. 〉

모습을 드러내는 케인.
부상당한 조 박사와 다혜 뒤로 보이는 여러 박사들.

케인　　／ (英) 275옥수수 데이터는 어딨나?

어느 누구도 대답이 없자
아무 박사를 향해 방아쇠를 당기는 케인... 탕!
한 박사가 어처구니없는 죽음을 맞이하자
놀라는 다혜와 조 박사.
요번엔 두 명의 박사를 죽이는 케인.... 탕탕!

#103-C22

안 되겠는지 다혜가 막아선다.

다혜   / (英, 이를 악물고) 더 이상 사람을 죽이면 당신이 원하는
       건 영원히 못 찾아.
케인   / 후후!

〈 Ins / 엘리베이터 안
     서로의 담배에 불을 붙여주며 승리를 자축하는 두 놈.
     휴! 내뱉는 담배 연기가 천장으로 향한다. 〉

특수 배양실에 갇히는 박사들.
문 상단에 위치한 직사각형 투명 유리를 통해서만 외부를 볼
수 있다.

묵직해 보이는 최첨단 소형 위성장비.
그리고 컴퓨터에 연결된 잭.
모니터에 뜨는 파란 복사 탭.....10%......15%...20%.....!
아직 완벽하게 연결되지 않은 DNA 나선형 구조가 출력되어
있고, 복사 비중이 높아질수록 연결마디들이 한 색깔로 변한다.
그 마디마다 쓰인 알다가도 모를 공식들.

책상에 걸터앉아 모니터를 바라보며
군대에서나 쓸법한 묵직한 위성수화기로 통화를 나누는 케인.

Filter   / (英, 측근2-) 역시 자넨 해낼 줄 알았어. 수고했네.

씬104. 홍콩 총수실 (N) ═══════════

      총수를 비롯한 수뇌부들이
      회의탁자에 둘러앉아 멀티비전을 보며 흐뭇해하고 있다.
      멀티비전엔 연구실의 모니터와 똑같은
      파란 복사 탭이 움직이고 있다.......50%....55%

총수   / (英) 원하는 게 뭔가?..... 대통령을 원하나?
          그럼 내, 정부를 만들어주지.

      한바탕 웃음이 터져 나온다.

씬105. 지하연구실 (N) ═══════════

케인   / (英) 딴 건 다 필요 없고 돈이나 두둑이 주쇼.
Filter   / (英, 총수-) 자네의 겸손함이 참 마음에 드는군.

      측근들의 웃음소리가 위성 전화기를 통해 들린다.
      무전기를 들고 있는 부하1.

부하1   / (英) 연락이 안 됩니다.

〈 Ins / 연구소 옥상
        죽은 두 놈의 모습 〉

올라가 보란 듯이 고갯짓을 하자 엘리베이터로 향하는 부하1.
이때 '띵동' 하는 엘리베이터 소리가 들리면서 모습을 드러내
는 민규와 희립 ....드르르르륵륵! 드르르르르륵!
방심하고 있던 일당들이 무더기로 죽음을 맞이한다.

〈 Ins / 홍콩 총수실
        요란한 총소리가 들리자
        화들짝 놀라는 총수와 측근들.
        s멀티비전을 주시하는 총수 ....75%.....80% 〉

민규와 희립의 반격에 죽어나가는 놈들.
놈들이 쏜 총탄에 특수 배양실 운전함에 스파크가 인다.
올라가는 온도......58도!

간신히 몸을 피하는 케인.
위성 수화기가 대구르르 굴러 책상 밑으로 들어간다.
이때 민규의 눈에 들어오는 모니터.
그리고 90%를 가리키는 복사탭.

안 되겠는지 컴퓨터 본체를 향해 방아쇠를 당긴다.

〈 Ins / 홍콩 총수실

'복사 실패'란 문구가 뜨는 멀티비전.

쾅! 회의 탁자를 내리치는 총수 주먹.

95%까지 치오른 파란 복사탭은

빠른 속도로 사라진다.......80...40...10..0% 〉

완전히 박살나는 컴퓨터 본체와 모니터, 스파크를 토해낸다.

특수 배양실 문에 난 투명 유리를 통해
밖을 바라보는 다혜와 눈이 마주치는 민규,

#105-C17

그제야 안도의 숨을 내쉰다.
다혜가 가리키는 방향을 바라보면
올라가는 온도계 수치.......65도!

팔과 어깨에 부상을 당함에도 불구하고
빗발치는 총탄을 무서워하지 않는 민규와 희립.
끝내 놈들은 하나 둘 죽음을 맞이하고,
케인도 가슴에 총탄을 맞아 장렬히 쓰러진다.

후다닥 특수 배양실로 달려가는 민규,
온도계 레벨을 내리지만 고장 난 수치는 계속 올라간다.
.....77도!
출입문도 고장 난 민규가 열기엔 역부족.
희립이가 가세하여 힘을 주지만 헛수고다.

이때 들리는 케인의 웃음소리....... 후후후!
벽에 기대어 앉은 채 가방을 쥐고 있는 케인,
그의 손엔 버튼이 쥐어져 있다.
단번에 폭탄임을 알아차리는 두 사람.

케인   / (英) 저승 가는 길이 외롭지는 않겠군. 후후후!
희립   / (英) 이제 게임은 끝났어.
케인   / (英, 피를 토하며) 후후!..... 그래, 끝내야지.

민규   / ....안 돼!

그러나 케인의 씁쓸한 미소는 끝내 버튼을 누르고 만다.....
쿡!
하나 아무런 일도 벌어지지 않고..... 다시 한 번 쿡......쿡쿡!
가방을 열어보더니.....
키득 키득! 허탈한 웃음을 짓는 케인, 마지막 말을 남긴다.

케인   / (英, 이를 악물고는) 개새끼! (풀썩! 고개를 떨군다.)

두 사람이 달려와 가방을 열어보면 터지지 않는 폭탄.
'왜 안 터졌지?' 하는 생각에 주변을 둘러보는 두 사람,
이상한 점을 발견하지 못한다.
혹시나 해서 죽은 놈들이 매고 있는 색을 열어 보는데....
소형폭탄.... 카운터되고 있다......0950, 0949, 0948.........!

희립   / 간나새끼들.
민규   / (숫자패드를 보고는) 암호를 찾아야 돼.

죽은 놈들의 주머니를 뒤지만 헛수고.
이때, 민규의 시선에 들어오는 최첨단 소형 위성장비.
통화버튼에 점등되어 있는 불빛을 보고는 심호흡을 크게 한다.

민규   / (英, 수화기를 들고는) 난, 대한민국 정보부 소속 이민규다.
        너희들이 누군지 알고 있지만, 절대 보복은 하지 않겠다.

씬106. 홍콩 총수실 (N)

스피커를 통해 들리는 민규의 목소리.
총수와 측근들이 조용히 들을 뿐 대구를 하지 않는다.

Filter   / (英, 민규-) 여기엔 너희들의 목적과는 상관없는 무고한
        사람들이 있다. 암호를 알려준다면-....... (삐익!)

스톱 버튼을 누르는 총수,
담배 한 모금 길게 내뱉으며 밖으로 향한다.

총수   / (英) 한동안 시끄러워지겠군.
        회장님께 적당히 보고하고 집안 단속 철저히 해.

씬107. 지하연구실 (N)

드르르륵! 드르르륵!
특수 배양실 문에 난 투명 유리를 향해 방아쇠를 당기는 민규,

하나, 방탄유리라서 깨질 기미가 보이지 않는다.
85도를 가리키는 온도계.
뭘 봤는지 저편에 있는 조작 버튼 중 하나를 누르자

〈 배양실 안 / 스프링클러가 작동하면서 더위에 지친
　　박사들에게 시원한 물줄기를 선사한다. 〉

한편, 석두의 주검을 발견하는 희립,
뜬 눈을 감겨주다 주먹 쥔 석두의 손에 시선이 머문다.
석두의 손을 펴보자 드러나는 탄피.

문틈에 쇠꼬챙이를 넣고 온힘을 쏟는 민규.
직사각형 투명 유리를 통해 이를 바라보는 다혜의 애처로운
모습.

민규　　/ 조금만 참아. 조금만
희립　　/ (다가와) **이걸 보라우.** (탄피를 보여주며)
　　　　우리 공화국에서 제조한 AK 소총 탄피야.

놈들에게 취득한 AK소총에서 탄창을 꺼내 보여주는 희립.
탄창엔 '조선민주주의인민공화국'이란 글귀가
선명히 쓰여 있다.
미간을 찌푸리는 민규.

희립   / 석 달 전 놈들이 황해도의 연구실을 폭파시킬 땐 미제를
         썼었지비.

민규   / 여긴 지상의 어떤 공격에도 폭파되지 않게끔 설계되어 있어.
         그럼 저 폭탄이 터지면?

희립   / (손바닥에 놓인 탄피를 흘리며) 이런 건만 남갔디.

〈고속촬영〉 바닥에 떨어져 퉁기는 탄피들.

민규   / 이러다간 전쟁으로까지 휘말릴 수 있겠군.... 교활한 놈들.

이때, 벽면에 부착된 비상 전화기에 불빛이 반짝거린다.

씬108. 컷트백 (N)

[연구소 마당]
서서히 착륙을 하는 군 헬기.
이미 여러 대의 군 차량과 군인들이 자리를 하고 있다.
초조한 듯 담배를 피우는 실장.
군 헬기에서 나오는 팀장과 폭탄해체반원들.

Filter   / (민규-) 냄새도 없고 색깔도 없습니다.

팀장   / (마이크 이어폰 착용) 자세히 살펴봐. 뭔가 이상한 점이

있을 꺼야.

[지하연구실]
시한폭탄에 설치된 유리관을 유심히 살피는 민규와 희립,
이마엔 식은땀이 흘러내린다.

희립   / 도대체 뭘 찾아야 되는기야? 아무것도 없는데.
민규   / (혹시나) 팀장님, 이거 혹시 기체폭탄 아닐까요?

[연구소 현관]

실장   / 기체폭탄이란 게 뭐죠?

#108-117

부하   / 미국과 러시아에서 개발된 폭탄으로 핵무기를 대신할 만큼
                의 위력을 지닌 차세대 폭탄입니다.

Filter   / (민규─) 기체 입자들이 섞이고 있어요.

계단을 바삐 오르는 해체 반원들, 그 소리에 발걸음을 멈춘다.

[지하연구실]

시한폭탄 주위를 세밀히 관찰하는 민규와 희립.

2가닥인 타이머 선........ 뭔가 있을 것 같은 느낌.

조심스럽게 5분 31초를 가리키는 타이머의 뚜껑을 젖히자

또 다른 타이머가 밑에 숨겨져 있다....0127, 0126, 0125.....

놀란 표정의 두 사람.

[연구소 현관]

팀장   / 제기랄.... 후퇴한다. 빨리 빨리...... 헬기 이륙시켜.

후다닥 계단을 다시 내려오는 해체반원들.

대기하고 있던 군 헬기가 서서히 이륙을 시도한다.

[지하연구실]

희립   / (털썩! 벽에 기대며) **쌍, 이렇게 죽는구만 기레.**

투명 유리를 통해 다혜를 바라보는 민규의 애처로운 눈빛.

[연구소 입구]
열 받는 실장, 트럭 바퀴에 발길질을 하며 화풀이를 해댄다.
운동장 건너편으로 보이는 연구소를 바라보는 팀장.

팀장　　／ (이어폰 마이크를 **빼내며, 혼잣말**) 잘 **가게 친구들.**
　　　　　 (긴 숨을 내쉰다.)

씬109. 지하연구실 (N) ═══════════════

특수 배양실 투명 유리를 통해 서로 마주 보고 있는 민규와
다혜.
구해줄 수도 없고, 같이 죽을 수도 없는 애절함이 배어 나온다.
"사랑해"란 말을 하는 다혜.
들리지는 않지만 입모양을 봐도 알 수 있는 아름다운 단어.

민규　　／ (북받치는 감정을 애써 참으며) **나도.**

찜질효과에 맥이 빠진 듯, 다혜가 서서히 허물어져 간다.
투명 유리에 손을 맞댄 두 사람..... 찐한 미소가 오간다.
그리고 더 이상 다혜의 모습은 보이지 않자,

불끈 쥔 민규의 주먹이 부르르 떨린다.
문에 기댄 머리..... 쾅! 쾅! 쾅!

〈 배양실 안 / 허리까지 차 오른 물.
　　　이젠 천장에서 뿜어내는 물줄기도 끊긴다.
　　　다혜가 조 박사의 손을 잡기 시작하자
　　　주변 남북한 박사들이 서로의 손을 마주잡는다. 〉

담배 한 대씩 입에 물고 서로의 담배에 불을 붙여주는 두 사람.

희립　　/ 특공대 그만 두고 정보원이 될 때 선택의 기로에 선 적이
　　　　있었디. 조국을 택할 것인가! 녀자를 택할 것인가! 내가 선
　　　　택한 길에 후회는 없디만 마음에 걸리는 게 하나 있었어....
　　　　기걸 알았다면..... 기래서 결심했디. 다신 녀자를 사랑하지
　　　　않기로.... 후후후!
민규　　/ 뭔 얘길 하고 싶은 거야?
희립　　/ 이대로 가면 후회할 것 같아서 알려주는 기야.
민규　　/ ?
희립　　/ 정 박사래 임신했어.

아무런 말이 없는 민규, 고개를 숙일 뿐이다.
...애써 참는 흐느낌.
떨어지는 한줄기 눈물방울.

숨을 길게 들이마시며 권총을 꺼내는 민규.
희립이도 권총을 꺼내든다.
서로를 바라보며 미소 짓는 두 사람, 와락! 찐한 포옹을 나눈다.

희립   / 모진 인연이구만 기레.
민규   / 다음 세상에선 우리 한나라에서 태어나자구.
희립   / 후후후!

동시에 시한폭탄을 향해 권총을 겨누는 두 사람..... 정적.
방아쇠를 당기려는 순간
스피커폰에서 터져 나오는 소리 "잠깐~!"
방아쇠 당길 타이밍을 놓친 두 사람, 긴 숨을 토해낸다.

스피커폰 / (팀장-, 다급히) 주위에 냉장고가 있을 꺼야.
         마지막 희망이다. 냉매가스로 기체를 얼려봐.

부랴부랴 냉장고 쪽으로 달려가는 희립.

희립   / **간나새끼, 진작에 얘기할 것이디.**

소형 냉장고를 들고 달려오는 희립.
냉장고를 뒤집어 놓고는 냉매선을 칼로 자르는 민규,
쉬위위윅~! 하얀 냉매가 흘러나오자 기체폭탄 유리관에 들이

댄다........0008, 0007, 0006

긴장되는 순간, 민규와 희립의 온 신경은 타이머로 향한다.

0004, 0003, 0002.....................0002

유리관에 있는 기체가 서서히 녹아 액체로 변한다.

.....계속되는 0002의 행렬.

그러자 민규와 희립이가 쾌조의 함성을 지른다. "아자!"

스피커폰 / (팀장-) 그대로 있으면 유리관이 폭발한다.

팀장의 말이 떨어지기 무섭게 동시에 냉장고를 발로 밀어버리는 두 사람.

쿵~! 소형 냉장고가 저편 벽에 부닥친다.

희립　　 / 애간장 태우게 하다 말고, 한꺼번에 말씀 하시라요.

스피커폰 / (팀장-) 후후! 살아 있는 기분이 어떤가?

희립　　 / 살맛나디요.

스피커폰 / (팀장-) 마냥 있으면 액체가 다시 기체로 변한다.

　　　　　유리관이 깨지지 않도록 냉매를 적절히 뿌리도록. 이상.

팀장의 말이 떨어지기 무섭게 소형 냉장고를 향해 달려가는 두 사람.

희립　　 / 간나새끼, 똥개 훈련시키는구만 기레.

민규   / (미소)

씬110. 엘리베이터 통로 (N)

엘리베이터 문이 열리면서 팀장이 앞장서서 엘리베이터 줄에
점프를 하고 폭탄 해체반원들이 그 뒤를 따라 시원하게 내려
간다.................주우우욱!

씬111. 지하연구실 (N)

위위위웡! 귀청을 찢을 듯한 소리와 함께
절단기의 날카로운 톱니가 스파크를 토해낸다.
'퍽!' 소리와 동시에 특수 배양실 문이 열리고
괴인 물이 시원스레 터져 나온다.
물줄기를 타고 나오는 박사들.
다혜는 민규의 품에 안겨 물줄기와 함께
저편으로 미끄러져 나간다.
이어지는 찐한 포옹.
갑자기 이들이 모습을 가리는 책상..... 희립이가 갖다 놓는다.

희립   / (군인이 다가오자) **저쪽으로 가보라우, 뭐가 있는 거 같애.**

저편으로 향하는 군인.

희립   / (담배 한 대 입에 물며) 웬만큼 하고 끝내라우.
        보는 눈깔이 많으니끼니.

책상 뒤에선 민규와 다혜의 찐한 키스가 무르익어 간다.
책상에 걸터앉아 담배를 피우는 희립.

씬112. 몽타쥬 ══════════════════════

[판문점 /D]
비가 주룩주룩 내리는 가운데 2개의 관 이송행사가 벌어진다.
남측 병사로부터 관을 인도 받는 북측 병사들.

[국립묘지 /D]
고위급 관리들과 여러 관계자들이 지켜보는 가운데
초희의 관이 서서히 땅속으로 내려가자
이를 바라보는 근엄한 표정의 민규.
절도 있는 행동으로 예총을 발사하는 병사들.

[도로변 /D]
빌딩 앞에 도착을 하는 청소대행 업체 차량.

워시맨 복장을 한 다께시가 장비를 챙겨 안으로 들어간다.

NA   / (日, 다께시一) 영화 같으면 여기서 끝날 일이지만, 일본인
        인 나로서는 이해하기 힘든 그 이상의 아픔이 이들에겐 남
        아 있었다.

[병원 현관 /N]
장대비가 쏟아지는 가운데 끼익! 정차하는 승용차.
민규와 다혜가 무표정한 얼굴로 안으로 들어간다.
차에 기댄 채 담배 한 대 입에 무는 희립.
산부인과 입간판.

NA   / (희립一) 북남대표단 회의에서 275 옥수수 연구를 계속하
        기로 합의했디만, 공동 진행이 아닌 각자 진행하기로 결
        정을 내렸다. 따라서 이들도 헤어져야 할 운명을 맞이한
        것이다.

[수술실]
수술 베드에 눕는 다혜..... 초연.

[복도]
의자에 앉은 채 담배를 연신 낚는 민규..... 진지함.
번개가 번쩍! 내리친다.

[수술실]

다혜의 두 다리가 거치대에 걸쳐지자 살며시 눈을 감는 다혜,
한줄기 눈물이 흘러내린다.

[복도]

주변을 서성이는 민규...... 쿠르르릉! 천둥소리.

[수술실]

수술용 집게를 한 번 벌려보는 의사, 예의 집게를 사용하려는
순간

[복도]

수술실 문이 박차고 열리면서 민규가 다혜를 품에 안고 나온다.

[현관]

담배를 피던 희립, 다가오는 민규의 모습을 보고는 잠시 멈칫,
그리고는 씨익 미소를 짓는다.

씬113. 다혜룸 (N)

잠든 다혜를 살며시 침대에 눕히는 민규,

한동안 다혜를 바라보더니 볼에 살며시 입맞춤을 한다.

....살포시 이불을 덮어주고

#113-2

씬114. 비상구 계단 (N)

희립   / (놀란 표정) 뭐이 어드래? 지금 제정신으로 지껄이는 거네?
          동무레 정 박사를 사랑하는 거디, 내레 사랑하는 거 아니야.
          근데 와 내레 정 박사 남편이 되어야 한단 말이가?
민규   / (미소) 아이를 위해서.
희립   / (민규의 이마에 손을 얹어보고는) 열이 있구만 기레, 병원
          에 가보라우.

씬115. 복도 (N)

룸으로 향하는 희립. 따라가는 민규.

민규   / 하나 물어보자.
          우리가 사귀는 거 왜 당에 보고하지 않았어?
희립   / (머뭇) 기건 말야, 내레...... 편의를 봐준 거이디.
민규   / 너, 정말 웃기는 놈이다.
희립   / 뭐이?
민규   / 지금부터는 배는 불러올 텐데 뭐라고 변명할 꺼야?
희립   / ......
민규   / 당연히 처벌을 받겠지. 강제로 아이를 지울 것이고.
          직장도 쫓겨나고..... 그게 편의를 봐준 거냐 새꺄.

희립   / 뭐 새꺄?

민규   / 그래 간나새꺄!

　　　 쾅! 문을 닫고 룸으로 들어가는 민규.

희립   / 와, 이거 억이 막히는구만 기레.
　　　　뭐 저 딴 새끼가 다 있네?

씬116. 희립룸 (N) ═══════════════════

　　　 곰곰이 생각에 잠기는 희립, 노크 소리가 들리자 문을 연다.
　　　 벽에 기대고 선 민규.

민규   / (나지막이) 부탁이다. 수없이 사람을 죽여 왔지만,
　　　　아무것도 모르는 새 생명을 죽일 순 없잖아.
　　　　내 선택이 잘못된 건가?

희립   / (숨을 길게 들이 마신다.)

민규   / 자넨 조국을 택했다며.

희립   / (피식) 간나새끼!

민규   / (미소)

씬117. 판문점 (D)

분계선을 넘어가는 북한 일행.

희립이가 앞장서고 다혜를 비롯한 북한 박사들이 뒤따른다.

애써 울음을 참는 다혜 뒤로 보이는 민규,

선글라스를 착용하고 있다.

슬쩍 고개를 돌려 뒤를 돌아보는 다혜의 안쓰러움.

하나 무표정인 민규, 끝내 북한 일행이 분계선을 넘어가자

선글라스 아래로 한줄기 눈물이 흘러내린다.

〈 F.O 〉

#117-C5

민규 POU.

1999년, 개성

씬118. 회관 (D)

〈 F.I 〉

당 간부의 주례하에 결혼식을 올리는 희립과 다혜.

당 간부 / 신랑 송희립 동무와 신부 정다혜 동무는 친애하는 지도자 동지의 따뜻한 배려로 부부로서 결합하게 됐음을 선포합 네다.

서약을 하기 위해 한손을 올리는 희립과 다혜.

희립,다혜 / (동시에) 지도자 동지에 대한 충성의 한길에서 영원한 부부로서 혁명의 가정을 꾸려 나갈 것을 다짐합네다.

박수를 치는 하객들.

NA   / (희립-) 전혀 사고하지 못한 일이디만, 여하튼 정 박사의
        남편이 되었다. 아니 되어 주었다. 당에선 우리의 결혼을
        인정해 주었고, 연구소가 있는 개성에 집까지 배려해 주었
        디만 실제 우린 부부가 아니었다.... 밥도 따로 먹고, 잠도
        따로 자고....

씬119. 아파트 거실 (N)

〈 Ins / 아파트 입구

　　　5층짜리 허름한 단층 아파트로 향하는 희립. 〉

김일성 주석과 나란히 있는 김정일 위원장 액자 밑으로
당 책임자의 주례하에 찍은 희립과 다혜의 결혼사진이 담긴
액자가 걸려 있다.
배가 불룩한 다혜가 자기 방으로 들어간다.
식탁에서 혼자 밥을 먹는 희립.

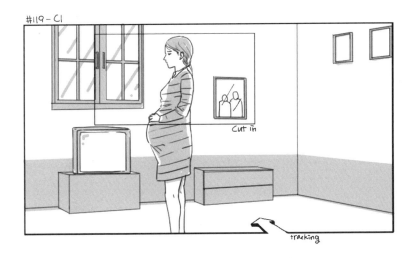

씬120. 희립의 방 (N)

똑똑! 노크소리가 들리자 문을 열어주는 희립.

다혜   / (몇 장의 종이를 건네며) 이것 좀 전달해 주시라우요.

〈 사이 〉
러닝 차림의 희립, 앉은뱅이책상 앞에서 문서를 꾸미고 있다.
'민규 씨에게.....'로 시작된 편지를 보며
한 글자 한 글자 미리 작성된 문서 형식에 다시 써 넣는다.
'암호 문서집'이라 쓰인 책자를 보며 암호화 작업 중.

희립   / (담배 한 대 입에 물고) 내레 이딴 거 하려고 배운 게 아닌
       데......!

궁상맞아 보이지만 귀엽기만 한 모습.

NA   / (희립-) 기래도 짜증낼 수 없는 건, 정 박사레 내 곁에 있기
       때문이다. 사실 난, 정 박사를...... 아니 다혜 씨를..... 사모했
       었다.

책상 서랍에서 잘 접어진 종잇조각 하나를 꺼내는 희립.
한 편 한 편 펴보자 드러나는 다혜의 은빛 귀걸이 한 쪽.

바라보며 미소 짓는 희립.

씬121. 사모 몽타쥬

NA　　/ (희립-) 다시는 녀자를 사랑하지 않기로 결심에 다짐까지
　　　했었디만, 그녀는 나의 결심을 무너뜨리기 충분한, 매력덩
　　　어리였다.

[연구실 /D]

뒤짐 쥔 채로 서 있는 희립,
어딘가를 바라보고는 침을 꼴깍 삼킨다.

#121-C3

서류를 검토하는 다혜의 가슴골이 훤히 드러나 있기 때문.
....보일랑 말랑!

[숙소 복도 /N]
뒷짐 쥔 채 근엄하게 서 있는 희립과 마주하고 있는 다혜.
(씬88과 동일한 장면)

다혜   / 기러고 여긴 여자 방입네다. 이래도 되는기야요?
희립   / ....별 일 없으면 이만.

문이 쾅! 닫힌다.
한동안 그 자리에 서 있더니 한숨을 크게 내쉬며 저편으로
향하는 희립, 뒷짐 쥔 손에 장미꽃 한 다발이 들여져 있다.

[연구실 /D]
뒷짐 진 채로 천천히 걸어가는 희립,
주변을 둘러보더니
슬쩍 컴퓨터 키보드 옆에 바나나우유를 놓고는
아무런 일 없었다는 듯이 저편으로 향한다.
...휘파람을 불며.

NA   / (희립-) 비록 이상한 아새끼한테 뺏겨 가슴 아팠디만, 현잰
          나와 같이 살고 있다. 밥도 따로 먹고, 잠도 따로 자면 어떤

가? 매일 볼 수 가 있는데.... 가끔은 이렇게 사는 것도 나쁘
지 않다는 생각이 든다. 사랑했던 사람을 곁에 두고 있다는
거..... 이것도 행복 중 하나일까? 사랑하면 안 될 여자를
난 벌써 반쯤 사랑하게 되었다.

[버스정류장 /D]
비가 내리는 가운데 우산을 들고 서 있는 희립,
버스가 정차하고 만삭인 다혜가 내리자 손을 잡아준다.
저편을 향해 걸어가는 한 우산 속에 두 사람.
슬쩍 다혜의 어깨에 손을 얹으려다 이내 다시 내리는 희립의
손, 괜스레 뒷머리 한 번 쓰다듬는다.

[아파트 거실 /D]
소파에 앉아 책을 보고 있는 다혜.
뒤로는 부엌에서 설거지를 하는 희립의 모습이 보인다.
어깨가 뻐근한지 두 손을 깍지 끼고 올려 몸을 푸는 희립.
.....멈칫.
무슨 생각이 났는지 뒤돌아 다혜를 바라본다.
살며시 깍지 낀 손을 내려 하트 모양을 만들자

다혜   / 어디 아프십네까?

희립   / 아, 아니야.... 팔이 저려서리.

하트 모양을 만든 채 좌우로 팔을 돌리지만

알아차리지 못하는 다혜, 시선은 다시 책으로 향한다.

동작을 멈추는 희립, 뒤돌아 다시 설거지를 한다.

...꽉꽉! ...퍽퍽!

얼마나 세차게 하는지 깨질 것만 같다.

다혜　　/ 기러다 그릇 깨집네다. 하기 싫으면 관두라요.

하는 수 없이 살살 설거지를 하는 희립,

그래도 입가엔 미소가 맴돈다.

씬122. 사무실 (D) ═══════════════

⟨ <u>Ins / 일본 공안부 건물 전경</u> ⟩

북한에서 온 편지....봉투를 개봉해 편지를 꺼내는 다께시,

주변을 두리번거리고는 특수장비에 넣고 버튼을 누르자

모니터에 예의 편지가 출력된다.

'김 교수님에게..........'로 시작된 편지지만

키보팅을 하자 예의 편지 글자들이 재배열을 한다.

'민규 씨에게.........'로 시작되는 편지가 다시 만들어진다.

씬123. 빌딩 옥상 (D)

홍콩 항구가 내려다보이는 옥상.
예의 편지를 읽는 워시맨 복장의 민규, 감회가 새로운 듯.

다께시   / (日, 지나치며) 또 읽어.....닳겠다.

그래도 여전히 편지를 읽는다.

#123-C1

씬124. 홍콩 총수실 (D)

총수 책상 위에 신문을 놓고 나가는 여비서.
바람이 일면서 흩날리는 낱장.
잠시 후, 총수와 측근들이 들어오는데……
뭘 받는지 다들 벙찐 표정을 짓는다.
왜냐면, 유리창 밖으로 워시맨 복장을 한 민규가
동그랗게 뚫어 놓은 유리창을 통해
소음 권총을 겨누고 있기 때문이다.
……피슝!피슝! ……피슝!피슝!
총알이 떨어질 때까지 방아쇠를 당기는 민규,
밑으로 주욱! 내려간다.

#124-C1 홍콩

THS.

청소 대행업체 차에 올라타는 민규와 다께시.
'펑!' 하는 폭발음과 함께 차 유리에 비치는 빌딩 모습.
총수실 창문에 시커먼 화염이 새어나온다.
떠나는 청소대행업체 차.

#125-C3 분만실 앞

씬126. 병원 복도 (D)

〈 Ins / 병원 전경 〉

베드에 누워 분만실로 실려 가는 다혜,
고통이 심한 듯 온갖 인상을 찡그리다
갑자기 "민규 씨!"라고 말을 토해내자
후다닥 이마를 닦아주는 척하며 입을 막는 희립.

여의사   / 뭐하시는 겁네까?
희립   / 입에 뭐가 묻어서 기래요. 신경 쓰지 말고 날래 가라우요.

분만실로 들어가는 베드.
휴!.......... 안도의 숨을 내쉬는 희립.

〈 Dis- 〉
분만실 앞에서 서성이는 희립, 의자에 앉았다 일어섰다.
이편에서 저편으로 왔다갔다 하기도 하고....
안 되겠는지 창문턱에 손을 집고는 윗몸일으키기를 한다.
지나가는 간호사들이 이상하게 쳐다보든 말든.
잠시 후, 분만실에서 나오는 여의사.

여의사   / 축하합네다. 아들이라요.

희립   / (희색이 만연한 표정) 아들... 아들!.... 이야호!
        (여의사를 와락 껴안으며) 고맙습네다.
        정말 고맙습네다. 눈코입귀 똑바로 박혔디요?
        손가락 발가락 10개 맞디요?

        순식간에 당한 여의사, 하나 얼굴엔 미소가 맴돈다.
        좋아하는 희립의 표정.

씬127. 병실 (D)

간호사가 아이를 안고 베드에 누운 다혜에게 다가간다.

아이를 가슴에 포근히 안는 다혜.

여의사 / 아빠를 많이 닮은 것 같네요.

희립 / (멋쩍은, 하나 가히 나쁘지 않다.)

다혜 / (아이를 보며) 정말 아빠를 많이 닮았네요.

아이의 이마에 뽀뽀를 하는 다혜,

이 순간만큼은 너무나도 행복해 보인다.

#127- C2 병실

희립 POV

씬128. 국정원 사무실 (D)

⟨ Ins / 국정원 전경 ⟩

브리핑실에서 나오는 정보원들.
책상에 편지가 배달되어 있자 어디서 온 것인가 확인하는 민
규..... 미소.

씬129. 화장실 (D)

화장실 문을 열고 들어오는 민규, 편지를 읽는다.

소리   / (다혜-) 어떻게 지냈습네까? 옆에 있으면 좋으련만 이렇게
        편지로만 주고받는 현실이 너무 서글픕네다.... 이게 우리
        운명인가요?

민규의 눈시울이 뜨거워진다.

소리   / (다혜-) 민규 씨, 우리 아이가 저번 주에 태어났습네다.
        궁금하디요? 왕자님입네다.

편지를 뒤로 넘기면 드러나는 사진 한 장.

아들의 해맑은 모습을 담은 사진으로
이를 바라보는 민규의 감정은 서서히 복받쳐 오른다.

소리   / (다혜 -) 엄마 아빠 빨리 만나게 해 달라고 이름을 철호라
          지었습네다. 275 옥수수가 우리의 미래잖습네까. 당신 성
          이 이씨니끼니 이름을 칠오로 한 기야요. 부를 땐 기냥 철
          호로 부릅네다. 이철호!..... 이름 마음에 들었으면 좋갔습
          네다.

          어느새 손가락은 아이의 사진 위를 쓰다듬는다.
          행복과 아쉬움이 교차되고....
          끝내 복받친 감정은 눈물로 이어진다.
          〈 F.O 〉

2000년 8월, 평양

씬130. 숏컷

〈 F.I 〉

평양 공항에 도착하는 대한항공 여객기. (이하 자료화면)
호텔 컨벤션센터에서 벌어지는
남북 이산가족의 눈물겨운 상봉.
그리고 기쁨과 눈물의 연속.

씬131. 호텔 외경 (N)

환하게 불을 밝히는 호텔 객실 창문들.

어디 하나 불 꺼진 곳을 찾아 볼 수 없다……

이산가족들 간의 아름다운 해우의 모습들.

개중 어느 한 호실 창문에 초점이 맞춰진다.

문이 열리면서 들어오는 보위부장, 국정부장과 반갑게 악수
를 나눈다.

스르륵! 쳐지는 커튼.

씬132. 호텔 복도 (N)

호텔 방문을 닫아주는 누구, 뒤돌아서면 민규다.
복도 좌우에 포진해 있는 남북한 경호원들,
가슴에 단 배지를 봐 단번에 알 수 있다.
복도를 사이에 두고 선 민규와 희립.

민규   / 반갑구만. 부인은 안녕하신가?
희립   / 기럼... 애 키우는 맛이 솔솔 하디. 후후!

다른 사람들이 눈치 채지 않게 희립이가 눈짓을 주자
알아차린 듯..... 저편으로 향하는 두 사람.

#132 - C3 호텔복두

철컥! 철컥!..... 탁자 위에 놓인 알루미늄 가방이 열리면서 모습을 드러내는 275옥수수 종자, 최첨단장치인 투명케이스에 잘 보존되어 있다.

국정부장 / 이게 바로 요번에 개발한 슈퍼옥수수 우성 암술종자입니다.

보위부장 / 야무지게 생겼구만요.

국정부장 / (미소) 여기에 북측에서 개발한 수술종자를 교접시켜서 저희들에게 넘겨주시면 됩니다.

보위부장 / 개성 연구소에 있는 수술종자 옮겨왔네?

보좌관   / 식량연구소에 도착해 있습네다.

#133-C4

2S / W.S

보위부장 / 첫술에 배부를 리 없갔디만 요놈들이 잘 받아줘야 할 텐데....

예의 종자가 든 알루미늄가방을 보위부장으로부터 건네받는
보좌관, 밖으로 나간다.

씬134. 화장실 (N)

안주머니에서 사진들을 꺼내 보여주는 희립.
.....두 살배기 철호 사진.

희립   / 보라우! 자넬 많이 닮았어. 원래 아들은 엄마를 닮는다고
        하는데 자네가 그리웠나 봄세.

몇 장의 사진을 넘기며 귀여운 자식의 모습을 보는 민규,
천진난만하게 웃는 모습에서부터 울먹울먹거리는 모습까지.
왜 이리 귀여운지.... 웃음이 절로 나온다.
기저귀 갈아주는 사진을 보고는

희립   / 내레, 이젠 기저귀 갈아주는 덴 선수야.
민규   / 후후!

장난감 전투기를 갖고 노는 철호의 사진.

두 동강 난 전투기 장난감을 보고는

민규   / (안쓰러움) 좀 좋은 거 사다주지.

희립   / 이보라우, 저 전투기가 몇 갠줄 아네?

        (손가락으로 셈을 하더니) 미그15, 17, 23, 25 폭스베트

        까지..... 셀 수가 없어야.

민규   / 후후! 그럴 줄 알고 내가 튼튼한 장난감 사왔어.

희립   / 기래, 잘됐구만. 철호가 전투기를 굉장히 좋아하거든.

        울다가도 전투기만 보면 활짝 웃는데 을마나 이쁜지

        후후!..... 근데, 기종이 뭐네?

민규   / 수호이 25.

희립   / 이왕이면 미그29 펄그럼을 사올 것이디.

민규   / 터보제트엔진이 두 개 달렸어.

        공대공 공대지 미사일에 로켓탄까지

희립   / 쯔! 이왕이면 최신께 좋갔디.

계속 사진을 넘겨보는 민규. 사진이 제법 많다.

희립   / 다 가져가라우.

민규   / (무슨 의미인지 아는 듯, 사이) 못 왔군.

희립   / 자네와 다혜 씨, 아니 정 박사 관계를 당이 알리 있간.

        ....승낙이 안 났어.

민규   / (아쉬운 표정이 역력하다.)

희립   / 정 박사가 만든 수술종자래 조금 전 평양 식량연구소로 옮겨

왔디. 정 박사래 어떡하든 오려 했는데.... 쉽지 않구만 기래.

(핸드폰을 꺼내더니 번호를 누른다.) 자넬 기다리고 있어.

통화해 보라우.

핸드폰을 건네주는 희립.

잠시 후 다혜의 목소리가 들린다. "요보세요."

얼마 만에 들어보는 목소리인가!

.....말은 하지 못하고 길게 숨을 들이 내쉬는 민규.

그러자 다혜가 숨소리만 듣고도 단번에 알아차린다.

Filter   / (다혜-) 민규 씨..... 민규 씨!

#134-C2

민규BS

민규   / (애써 진정시키고는) 어, 나야.
Filter / (다혜-, 울먹거리는 톤) 민규 씨!

⟨ Ins / 호텔 복도
        슬그머니 밖으로 나와 자리를 비켜주는 희립,
        문을 닫아준다. ⟩

Filter / (다혜-) 어떻게 지냈습메까, 다친 데는 없디요?
민규   / 그럼.
Filter / (다혜-) 내래, 가려고 했는데.... (울먹울먹)

씬135. 아파트 거실 (N) ▬▬▬▬▬

수화기를 들고 있는 다혜, 연신 눈물이 흘러내린다.

Filter / (민규-) 이렇게 목소리 듣는 것도 어딘데...... 괜찮아.
다혜   / 정말 보고 싶습네다. 정말!
        가까이에 있는데 가지도 못하다니. (끝내 눈물을 흘린다.)
Filter / (민규-) 울지 마. 우는 소리 들으려고 전화한 거 아니야.
        ....제발, 다혜야.
다혜   / (애써 울음을 참는다.)
Filter / (민규-, 긴 숨을 길게 내쉬고는) 철호는 어때?

아픈 덴 없지?

뒤돌아 아이들을 바라보는 다혜, 철호를 찾는 듯

다혜　　/ 잠깐만 기다리시라요. (수화기를 내려놓는다.)

씬136. 화장실 (N)

기다리는 민규,
달그락거리는 소리를 듣고는 귀를 쫑긋 세운다.

Filter　　/ (다혜 -) 철호야…. **아빠야, 아빠.**
　　　　　　남들보다 좀 빨라요. 벌써부터 일어서려고 합네다.

핸드폰을 통해 들리는 아이 소리.
흥얼흥얼거리는 소리에 더욱더 귀를 기울이는 민규.

〈 Ins / 호텔 복도
　　　　화장실 앞에 서 있는 희립,
　　　　하급 경호원이 화장실 쪽으로 다가오자
　　　　"지금 도청 감시 중이니끼니 딴 데서 일보라우!"
　　　　알았다는 듯이 저편으로 향하는 경호원. 〉

Filter   / (다혜-) **아빠 해봐.... 아-빠!**

잠시 후, "압--부!" 하는 아이 소리가 크게 들리자
눈물이 '찡!....' 하고 도는 민규, 가슴이 벅차오른다.

민규   / (목메어) **그래, 아빠다 아빠.**

"압-부!"를 크게 외치는 아이의 소리에 한 줄기 눈물이 주욱
흘러내리는 민규, 애써 길게 심호흡을 해본다.

씬137. 호텔 복도 (N)

선글라스를 쓰고 나오는 민규,
아무 말 없이 희립의 주머니에 핸드폰을 넣고는
저편으로 향한다.
멀어지는 민규를 바라보는 희립,
자신도 어쩔 수 없기에 긴 숨이 절로 나온다.

씬138. 몽타쥬

[평양 전경 /D]
중천을 향해 빨리도 뜨는 해.

[호텔 컨벤션센터 /D]
남북 측 경호원들이 지켜서고 있는 가운데
계속되는 남북 이산가족의 눈물겨운 상봉들.
창문 쪽에 위치한 민규, 주변을 둘러보더니 슬쩍 주머니에서
예의 철호 사진들을 꺼내 본다.
이 모습을 멀리서 지켜보는 희립.

[호텔 전경 /D/N]
해는 기울어 어느덧 밤으로 변하고
훤히 전등불을 밝히는 호텔 객실 창문들,
꺼질 기미가 전혀 보이질 않는다.
시원스런 빗물만이 촉촉이 창문을 적실 뿐.

[호텔 복도 /N]
복도에서 경호 업무 중인 남북경호원들.
한 남측 경호원이 다가와 민규와 교체를 한다.
"수고해"...."편히 쉬십쇼"
복도 끝에 위치한 방으로 들어가는 민규.

[호텔 외경 /N]

베란다를 통해 보이는 호텔룸.

빨간색 종이 백에서 전투기 장난감을 꺼내 만지작거리는 민규,

아쉬운 미소만이 맴돌 뿐이다.

이때 삐르륵! 울리는 전화벨.

....빗소리 때문에 통화 내용은 들리지 않는다.

누군가 통화를 나누더니 밖으로 나가는 민규.

잠시 후, 조그만 창문을 통해 보이는 비상구계단.

문을 열고 들어온 민규와 찐한 악수를 나누는 사람,

다름 아닌 다께시다.

그 옆에 서 있는 희립.

씬139. 비상구계단 (N)

민규   / (日) 이래도 괜찮겠어?

다께시   / (日, 미소) 10년 지기 친군데, 이 정도 못하려고.

          (자신의 팔뚝에 찬 기자완장을 건네주며)

          여긴 걱정 말고 잘 다녀와.

민규   / (日) 고맙다.

다께시   / (찐한 미소)

민규   / 아차, 철호 장난감은 어떡하지?

희립   / (손목시계를 보더니) 시간 읎어 야. 개성까지 내려가는데
        2시간, 올라오는데 2시간. 딱 30분 여유뿐이니끼니 날래
        날래 옷 갈아 입으라우. 내래 나중에 갔다주갔어.

서로의 옷을 갈아입는 민규와 다께시.

씬140. 호텔 복도 (N)

문 열리는 소리에 비상구계단 쪽을 바라보는 남측경호원.
민규의 옷으로 갈아입은 다께시, 피로하다는 듯이 얼굴을 열
심히 쓰다듬으며 호텔 방문을 열고 들어간다.
문을 닫기 전, 슬쩍 경호원을 바라보는 다께시.
경호원이 눈치 채지 못한 듯.... 조용히 문을 닫는다.

씬141. 도로 (N)

밤길을 달리는 승용차.

소리   / (민규−) 어떻게 변했을까?
소리   / (희립−) 너무 들뜨지 말라우. 애 키우는데 별수 있간.
        아줌마 다 됐어 야.

소리 / (민규-) 후후! 실은 여기 오기 위해 자원했어.

혹시 만날 수 있을까 해서...

소리 / (희립-) 간나새끼. 내레 이렇게 안 하면 어떡할라고 그랬어.

날 무척 원망 했을 꺼 아이가?

앞으로 2차 3차 리산가족 상봉이 있을 텐데,

기땐 절대 자원하지 말라우.

고놈의 선택.... 어휴, 내레 미쳤지.

괜히 기만 소린 해가지고 서리....

소리 / (민규-) 후후후!.... 그럼 언제 봐?

소리 / (희립-) 기야 뭐.... (머뭇, 무심결에) 통일되믄!

푸하하하!.... 웃음을 터뜨리는 두 사람 낭랑한 목소리.

씬142. 달리는 차 안 (N)

창문을 열어 싱그런 바람을 맞는 민규,

다혜를 만날 수 있다는 희망감이 물씬 베어 나온다.

희립 / 빨리 통일이 돼야 돼. 왠지 아네?

철호가 나를 아빠로 알고 있어.

이거이 보통 문제가 아니야.

미소 짓는 민규, 한편으로는 가슴이 아파온다.

민규   / 한 가지 물어볼 게 있는데....... 호칭은 어떻게 불러?

희립   / (담배에 불을 붙이려다 멈칫)

민규   / '다혜 씨-'라고 부르는 것 같더라.

희립   / 들었네. (아무렇지 않다는 듯이)

       같이 살다보면 기렇게 부를 수도 있지 뭐-

민규   / (말을 받아친다.) 뭐가 그래. 엄연히 임자가 따로 있는데.

희립   / 기럼 데려가라우..... 데려가지도 못하는 게.

       내래 데리고 사는 것만으로도 감지덕지해야디,

       난 뭐 데리고 살고 싶어서 사는 줄 아네?

민규   / 자넨 조국을 택했다며?

희립   / 간나새끼. 자꾸 개소리 찍찍 지껄이면 차 세울 끼야.

민규   / 알았어. 알았어.

속력을 내는 희립.

이미 속도계기판은 150을 넘고 있다.... 춤을 추는 와이퍼.

희립   / 남조선에선 자네가 임자지만, 북조선에서 내래 임자야. 알간?

민규   / 무슨 소릴 그 따위로 하냐?... 섭하게.

희립   / 차 세울 테니끼니-

민규   / (말을 막고) 차 세워. 내가 운전할 테니까

희립   / 뭐이 어드래?

하하하!....하하하!.... 한바탕 웃음을 터뜨린다.

민규   / 암튼 고맙다.

희립   / 기 소린 다시 평양에 오면 하라우. 아무 탈 없이 갔다 와야
          할 텐데.... 무시기 비가 이리도 오는 기야......쯧!

열심히 춤을 추는 와이퍼.

〈 Ins / 밤길을 달리는 차
          '개성 50Km'라 쓰인 나무 이정표,
          '부왕~!' 하는 소리와 함께
          차가 쏜살처럼 지나가자 흔들흔들 거린다. 〉

#142-C5 달리는 차

개성

씬143. 아파트 앞 (N) ═══════════════

장대비가 쏟아지는 가운데 서서히 도착을 하는 차.

거니는 사람은 다행히 없다.

차에서 내리는 민규, 5층짜리 허름한 아파트를 바라본다.

씬144. 아파트 복도 (N) ═══════════════

계단을 통해 3층에 오르는 두 사람.

띵동! 벨을 누르는 희립.

기대감일까, 호흡을 몇 번 가다듬는 민규.

잠시 후, 문이 열리는데......
드디어 다혜의 모습이 서서히 보이기 시작한다.
꿈에서나 만날 수 있었던 그녀.
....놀란 다혜를 와락 끌어안는 민규.

서서히 닫히는 문.
담배 한 대 입에 물고 취익! 라이터로 불을 붙이는 희립,
길게 한 모금 내뱉고는 계단을 내려간다.

씬145. 거실 (N)

찐한 키스를 나누는 두 사람.
다혜의 두 눈엔 연신 눈물이 흘러내리지만... 개의치 않는다.
얼굴을 쓰다듬어 보고... 온몸을 어루만져 보고...

민규   / 잘 있었어?
다혜   / (믿어지지 않은 듯, 다시 한 번 얼굴을 쓰담으며)
          민규 씨 맞습네까?....정말 맞습네까?
민규   / (벅차오르는 가슴) .....그래, 나야.

다혜의 두 눈엔 돌덩이 같은 눈물이 뚝뚝 떨어지고.
민규, 뼈가 으스러질 것 같이 다혜를 품에 꼬옥 안는다.

씬146. 컷트백 (N)

[아파트 앞]

아파트 계단을 내려온 희립, 쏟아지는 장대비를 올려다보고는
저편에 있는 차를 향해 뛰어간다.

[다혜의 방]

문을 열고 들어오는 다혜와 민규.

허름한 비행기 장난감을 쥐고 자고 있는 아이를 보게 된다.

뜨거워지는 민규의 눈시울.

아이의 볼을 살며시 만지자....... 씽긋!

아버지의 기분이 이런 걸까?!

#146-C4

Ths.

입가엔 미소가 춤을 추기 시작한다.

[아파트 앞]
차문이 잠겨 있자 주머니를 뒤지는 희립, 하나 열쇠가 없다.
핸들 옆 키홈에 꽂혀 있는 차 키를 보고는 난감해 한다.

[다혜의 방]
잠자는 아이의 얼굴을 살며시 보듬는 민규의 손.
앙증맞은 아이의 발에 입맞춤을 해보는 민규.
....마냥 신기하기만 하다.

[아파트 앞]
장대비를 고수라니 맞으며 쇠막대기로 운전석 유리창을 쑤시
는 희립, 웬만해선 열리지 않는다.

[다혜의 방]
잠자는 아이를 가슴에 안는 민규,
아이의 등을 포근히 어루만진다.

[자동차 안]
사정없이 차 지붕을 때리는 장대비 소리.
운전석에 앉은 희립이가 담배를 피우며
손목시계를 힐끗 바라본다.

담배꽁초로 수두룩한 재떨이.

[거실]

방문을 열고 나오는 민규,

싱크대 앞에 서 있는 다혜의 뒷모습을 바라본다.

토도도독! 토도독! 뭔가 써는 소리가 아주 작게 들린다.

[자동차 안]

손목시계를 보더니 나가려는듯... 그러다 멈칫거리는 희립,

담배 한 대 또 입에 물고는 3층을 올려다본다.

환한 불을 밝히는 거실.

씬147. 거실 (N)

김이 모락모락 나는 밥공기.

민규가 밥 한 숟갈 뜨자 다혜가 김치 한 조각을 얹어 준다.

같이 먹자는 민규의 시늉에 수저를 드는 다혜.

민규가 뜬 밥 한 숟갈 위에

작은 열무김치 한 조각을 얹어 놓는다.

예의 밥을 입에 꼬옥 넣는 민규,

아삭! 아삭! 씹을 때마다 고이는 눈물.

이미 다혜의 터진 눈물샘은 좀처럼 끊이지 않는다.

다가가 다혜를 꼭 끌어안는 민규.

민규   / 울지마! .....이렇게 우리 만났잖아.

다혜의 등을 톡톡! 토담는 민규.
떨어질지 모르는 두 사람의 모습에서......

〈 Ins / 아파트 전경
       먼동이 트는 아침.
       장대비도 서서히 가늘어진다.〉

씬148. 호텔 복도 (M) ══════════

떠날 채비를 갖추고 엘리베이터에 오르는 정부관계자들.
손목시계를 보는 남측 경호원, 민규 룸으로 발걸음을 옮긴다.
똑!똑!똑! 노크를 하지만 아무런 반응이 없다.

〈 Ins / 민규룸
       손잡이를 잡고 있는 다께시의 긴장된 눈빛. 〉

안 되겠는지 문손잡이를 잡고 돌리려는 순간.

민규   / (Off) 내가 다 확인했어.

고개를 돌려보면 코너 쪽에 서 있는 민규.

〈 Ins / 민규룸
　　　 "아니, 언제 나오셨습니까?
　　　 재가 줄 곧 여기에 있었는데....."
　　　 휴!....
　　　 그제서야 안도의 한숨을 길게 내쉬는 다께시. 〉

민규에게로 다가오는 경호원 뒤로 민규룸에서 나오는 다께시
가 보인다.
민규와 찐한 시선이 오가고,
반대편으로 발걸음을 옮기는 다께시.

씬149. 호텔 로비 (M)

국정부장을 위시한 정부관계자들이 호텔을 나서고
대기 중인 리무진에 오른다.
리무진 뒤에 있는 다른 검은색 차로 발걸음을 옮기는 민규.
호텔 저편에 서 있는 희립.
로비 커피숍에서 신문을 보며 커피 한잔을 하는 다께시.

비록 말을 하진 않지만 무언의 대화가 오간다.

소리   / (日, 민규 -) 다음 주에 동경에 갈 일이 있어.
        그때 내 한턱 쏠게.
소리   / (日, 다께시 -, 신문 쪽을 넘기며) 거 좋지.
소리   / (민규 -, 희립을 바라보며) 고맙다.
소리   / (희립 -, 딴청) **간나새끼, 다음번엔 증말 오지 말라우.**
소리   / (민규 -) 후후! 내방에 가면 **빨간색 종이 백에 철호 장난감
        이 있어. 꼭 챙기고... 또 만나세.**
소리   / (희립 -, 저편으로 향하며) **아새끼레 증말.**

미소를 지으며 차에 오르는 민규.
이때 삐익! 삐익!.... 호출음이 들리자 핸드폰을 꺼내 보는 희립.
로비 커피숍을 나서던 다께시도
누군가와 핸드폰 통화를 나누며
차에서 내리는 민규를 바라본다.
역시 누군가와 핸드폰 통화를 나누며 차에서 내리는 민규,
심상치 않은 표정이다.

평양

씬150. 브리핑실 (D) ═══════════════

〈 Ins / 건물 전경
　　'인민무력부'라 쓰인 입간판. 〉

대형 모니터에 비춰지는 적군파 요주 인물들.
보위부장이 근엄하게 설명을 하고 민규, 희립, 다께시를 포함
한 정보부 요원들이 경청을 하고 있다,

NA　　/ (다께시ー) 정보부의 첩보에 의하면 일본 적군파가 중국
　　　　IFDC와 손을 잡은 것은 7일 전..... 한데 적군파 행동대원들
　　　　이 평양에 모습을 드러냈다.

평양 도심 폐쇄회로에 찍힌 적군파 행동대원들의 사진이 출력된다.

NA   / (희립 -) 놈들은 분명 슈퍼콘을 탐내는 것이 분명하다. 1시간 후면 평양 식량연구소에 있는 슈퍼콘 종자가 공항으로 이동하는데....... 제기랄!

불순세력들의 사진들.
게 중 신익두의 사진이 민규의 눈에 들어온다.

NA   / (희립 -) 문제는 1 시간 전에 입수된 정보로, 일본 적군파가 북한 내 불순 세력과 손을 잡았다는 것이다.... 몇 년 전에

#150- CI

만났었던 사람인데....... 세상 참.

집고 있던 연필이 뚝! 부러진다.

보위부장 / 따라서 갑조와 을조는 식량연구소에서 출발하는 차량을
  담당하고, 병조는 특수부대와 협력해서........

씬151. 계단 (D)

정보부 요원들이 바삐 내려간다.

NA   / (민규-) IFDC의 실체는 도대체 누구일까? 홍콩 북경 그
  다음은 또 어디일까? 과연 이런 악순환에 종지부는 찍을
  수 있는 건가?....... 끝이 보이지 않는 전쟁 같다. 끝이 보이
  지 않는.

나란히 내려가는 민규의 희립.

희립   / 자본주의 문제가 뭔지 아내? 하날 없애면 또 하나가 나타난
  다는 기야. 없애도 없애도 소용 없어.... 종간나새끼들.
민규   / 사회주의 문제가 뭔지 알아?
희립   / 개소리 집어치우라우. 문제 없어야.

민규   / (앞서 내려가며) 후후후! ....그게 문제야.

희립   / 뭐이 어드래?

씬152. 몽타쥬 (D)

[평양 식량연구소]
특장차에 슈퍼콘 종자가 든 알루미늄 가방이 실린다.
출발하는 특장차.

[평양대로]
예의 특장차가 싸이카의 경호를 받으며
김일성 광장을 지나간다.

[터널]

터널을 통과해 나오는 특장차.

보이는 이정표....... 대동강 2Km

[대동강변로]

주변 경관의 아름다움.

저편에 있는 다리를 향해 시원스레 달리는 특장차.

길가에서 이를 지켜보던 쿠데타 세력 조직원1 (스톱모션)

특장차가 다리로 진입해 들어가자

건널목 부근서 이를 지켜보는 조직원2 (스톱모션)

다리를 달리는 특장차.

한편 다리 건너편엔 조직원3이 벤치에 앉아 신문을 보고 있
다. (스톱모션)

귀에 이어폰이 꽂혀 있으니...

이런 사실을 모른 채 특장차는 여전히 다리를 건너가고 있다.

[텅 빈 사무실]

어두운 그림자가 드리운 텅 빈 사무실.

대동강이 한눈에 내려다보이는 8층 높이로,

다리를 건너는 특장차가 훤히 보인다.

껌을 쩍쩍 씹으며 쓴 미소를 짓는 적군파 요원들.

적군파1이 휴대용 스팅거 미사일을 어깨에 거취시키고는
생각할 틈도 없이 방아쇠를 당기는데.....
흰 꼬리를 달고 날아가는 미사일.

[다리 위]
예의 특장차가 미사일에 맞아 폭발해 버린다.
나뒹구는 싸이카들.

[텅 빈 사무실]
다리 한가운데서 붉은 화염이 치솟아 오르고
이를 바라보며 회심의 미소를 짓는 적군파 요원들.
벌컥! 문이 열리면서 황급히 적군파2가 들어온다.

적군파2 / (日) 제기랄, 함정이야. 우리 위치만 노출시켰다구.

아니나 다를까, 창밖을 내려다보면

[건물 전경]
어느새 여러 대의 군 차량들이 속속 건물 앞에 모여들고
수십 명의 특공대가 차에서 내려 건물 안으로 뛰어 들어간다.

[대동강변로]
화염에 휩싸인 특장차를 보고는 움직이는

쿠데타 세력 조직원들,
하나 몇 걸음 못가서 두 손을 드는데...
어디서 나타났는지 십여 명의 특공대원들이
집어삼킬 듯한 눈매로
이들을 향해 총구를 겨누고 있기 때문이다.

[텅 빈 사무실]
현장을 탈출하기 위해
비상구 문을 향해 뛰어가는 적군파 요원들.
순간 이들 앞으로 모습을 드러내는 육중한 무소음 헬기.
...이미 게임은 끝난 듯

#152-C14 텅빈 사무실

헬기 조정사가 방아쇠를 당기자....... 드르르륵!
회전하면서 발사되는 발칸 포에
완전히 벌집 신세가 되어 버린다.

[건물 전경]
8층을 풍지박살 내는 헬기의 발칸 포 위력.
탄피들이 소낙비 내리듯 바닥을 향해 수두룩하게 떨어진다.

〈 자막 / 쿠데타 세력 조직원 3명 사망,
      적군파 행동대원 7명 사망, 2명 행방불명 〉

씬153. 일본 대사관 앞 (D) ═══════════

일장기가 선명한 대사관.
그 앞으로 보이는 깔끔한 도로.
거니는 차량을 전혀 찾아 볼 수 없을 정도로 조용하다.

순간 삐그덕!..... 인도변에 있는 맨홀 뚜껑이 열리면서
적군파1, 2가 모습을 드러내는데....
부상 입은 상처를 보듬으며 길 건너편으로 보이는 대사관을
향해 천천히 걸어간다.

정문을 막아서고 있는 육중한 쇠문.

대사관 안쪽에 있는 한 경비원에게 다가가는 적군파1, 2,

뭐라 설명을 하며 문을 열어달라는데....

모자를 고쳐 쓰며 서서히 고개를 드는 경비원.... 다께시다.

한 술 더 떠 이중 잠금장치까지 채우자

황당한 표정을 짓는 적군파1, 2,

기를 쓰고 쇠문을 오르려하는 순간

놈들의 목덜미를 낚아채는 두 손, 민규와 희립이다.

퍽!퍽!...퍼벅!... 나가떨어지는 두 놈.

희립   / (멱살을 잡고는) 간나새끼, 생포하란 명령만 없었으면 니는
          벌써 벌집 신세가 되는기야...... 조선말 모르네?
          (아구창을 몇 대 날리며) 조선에 왔으면 조선말 좀 배우라
          우 간나새꺄!

적군파1, 2를 지프차 뒷좌석에 던지듯 집어넣는 희립.

지프차 무전기에서 다급한 목소리가 터져 나온다.

Filter   / (누군가―) 제기랄! 병조가 당했다. 갑과 을조 대원은 후미
          산 도로로 날래 이동하도록. 다시 한 번 반복한다......

씬154. 숲길 (D)

끼익! 끽!..... 도착하는 지프차들.
지프차에서 내리는 남북한 정보원들,
사주 경계를 하며 특장차로 향하는 민규와 희립.
주변에 널브러진 주검들이 처참함을 말해준다.
총탄에 벌집이 되어 버린 특장차.
옥수수 종자가 든 알루미늄가방이 없어진 것을 알게 되자
숲 속으로 흩어지는 남북한 정보원들.

씬155. 숲 속 (D)

꺾어진 나무줄기들.
....놈들이 남긴 흔적을 쫓아 뛰어가는 민규와 희립.
곳곳에 놈들이 숨어 총격전이 벌어지지만
남북 정보원들 앞엔 속수무책으로 당하고 만다.

하지만, 쿠데타 세력이 파 놓은 함정에 걸리면서
사방에서 빗발치는 총탄에 정보원들이 위기를 맞지만
무소음 헬기가 등장하면서 사태는 급반전되어 버린다.
발칸포의 위력에 맥없이 죽어가는 쿠데타 세력의 조직원들.
헬기에서 특공대원들이 밧줄을 타고 주욱! 내려온다.

안 되겠는지 도망치는 신익두.

신익두 뒤를 뒤쫓는 민규와 희립.

울창한 숲 속에서 벌어지는 총격전.

끝내 신익두와 민규가 대치하는 상황이 전개된다.

신익두   / 남조선 아새끼들도 있다 했더니, 바로 네놈이었구만 기레.

민규   / ....

신익두   / 간에 붙었다 쓸게 붙었다 하는 재미가 솔솔하네?

민규   / 난, 명령을 따를 뿐이야.

신익두   / 흥! 실컷 단물 빨아먹을 땐 언제고 뭐?

            ....간나새끼들!

#155-C4 숲속(N)

민규 OS.

드르륵! 드르륵!.... 자동소총을 갈기는 신익두.

나무 뒤에 몸을 숨긴 민규.

총탄에 맞은 나무만이 처참한 몰골로 변해간다.

쫓고 쫓기는 추격전 속에

드디어 신익두에게 총을 겨누게 되는 민규,

하지만 쏘지를 못한다.

옥수수 종자가 든 원형유리관을 보란 듯이 들고 있는 신익두.

민규   / 그게 뭔지는 아나?

신익두 / 후후!..... 돈이디.

민규   / 그건 돈으로 환산할 수 없는-

신익두 / (말을 막고) 개소리 접어치라우 간나새꺄!

민규   / 개소리 아니야 간나새꺄.

신익두 / (부릅뜨는 두 눈)

민규 쪽을 향해 달려가는 희립,
원형유리관을 들고 있는 신익두의 모습이 멀리 보이자
멈춰 서서 정조준을 하지만
신익두 일당들의 총격에 몸을 숨기기 바쁘다.

민규   / 그건 남북한 미래가 달려 있는 옥수수 종자다.

신익두 / 새벽작전도 북남 미래가 달려 있다고 하지 않았?

민규   / ......

신익두 / 이보라우, 혁명이레 뚝딱하면 만들어지는 줄 아네?
        1년 아니 10년도 걸릴 수 있는기야. 허긴, 참을성 없는 남조
        선 정부가 기걸 기다릴 리 없갔디만.

민규   / 그래서 IFDC와 손을 잡았나?

신익두 / 거긴 니들처럼 간에 붙었다 쓸게 붙었다 안하거든.

민규   / 평계가 그럴싸하군.
        놈들과 손을 잡으면 혁명이 가까워지나?

신익두 / .....

민규   / 결국 네놈은 돈에 눈 먼 놈이야.

민규의 말에 흥분한 신익두,

자동소총을 갈기며 민규와 대치를 하고
희립은 일당들을 차례차례 처치해 나간다.
또다시 커다란 나무 뒤에 몸을 숨긴 채 대치하는
민규와 신익두.
이들을 향해 총구를 겨눈 채 조심스럽게 다가가는 희립.

신익두   / (원형유리관을 바라보며) 북남 미래가 달려 있는 옥수수
          종자라... 후후! 거창하군.
          기럼 조심해서 받아야 겠구만 기래.
          잘못하면 북남 미래가 박살날 테니끼니.

민규를 유인하기 위해 원형유리관을 높이 던지는 신익두.
원형유리관이 바닥에 떨어지면 끝장이기에

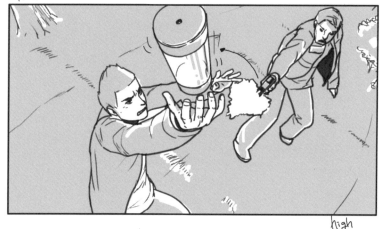

민규가 몸을 날린다.

이때를 놓치지 않고 방아쇠를 당기는 신익두.

동시에 멀리서 신익두를 겨누고 있는 희립도

방아쇠를 당긴다...... 탕!

옆구리에 총상을 입고 쓰러지는 신익두.

간신히 원형유리관을 두 손으로 받는 민규,

안도의 숨을 내쉬며 나무에 털썩 몸을 기댄다.

이를 본 희립과 오가는 찐한 미소.

하지만 희립의 미소는 이내 어두워진다.

민규의 가쁜 숨소리.

민규가 양복 상의를 살며시 들치자 와이셔츠에 흥건히 고인 피.

희립   / 정신 차리라우.

        (뺨을 때리며) 정신 차리라 야.

민규   / 먼저 가야 할 것 같다.

희립   / 이대로 죽으면 안 돼. 철호는 어떡하네?.... 다혜 씬?

민규   / (엷은 미소) 자네가 있잖아.

희립   / 개소리 집어치우라우.

        자네가, 자네가 아버지 아니네.... 내레...

지갑을 꺼내 어렵게 희립의 손에 건네어 주는 민규.

열어보면 다혜와 철호의 해맑은 사진이 꽂혀 있다.

민규   / 부탁해..........친구!

    끝내 손을 떨구는 민규.
    울분을 못 참고는 괴성을 지르는 희립.
    옆구리 부상을 입은 채 키득키득 대는 신익두를 보고는
    불끈 쥔 두 주먹이 떨려온다.
    신익두를 향해 방아쇠를 당기려는 순간
    털썩! 권총을 말아 쥐는 특공대원,
    안 된다는 듯이 고개를 설레설레 젓자
    하는 수 없이 겨눈 권총을 내린다.

    그럴수록 더 야비하게 웃는 신익두.
    두 눈에 핏기가 도는 희립,
    이를 악물고는 무작정 방아쇠를 당긴다.
    ....탕!탕!탕!탕!...철컥! 철컥!
    아작 나는 신익두의 두 다리.
    총을 내 팽겨 치더니 신익두 몸통에 올라서서는 주먹을 날린다.
    퍽!퍽!퍽!퍽!퍽!....... 사방에 뛰는 피.
    특공대원들이 희립의 행동을 간신히 말린다.

    싸늘히 식은 민규를 품에 안는 희립,
    두 눈에서 쇳덩어리 같은 눈물이 하염없이 흘러내린다.
    〈 F.O 〉

씬156. 일본 대사관 (D) ══════

〈 F.I 〉
핸드폰 통화를 나누는 다께시,
무표정 속에 핸드폰을 끊고는 먼 하늘을 응시한다.
민규의 죽음을 애도하는 듯....
주변 시선을 의식한 듯 머리를 만지는 척 하면서
하늘을 향해 단아한 경례를 붙이고는 대사관 안으로 들어간다.

〈 자막 / 불순분자 13명 사망..... 남한 정보원 1명 사망 〉
〈 F.O 〉
.......기나긴 암전

에필로그

씬157. 허름한 아파트 (E)

〈 F.I 〉

소낙비 쏟아지는 파란 하늘 아래 허름한 아파트 전경.

3층 다혜의 집..... 거실 창문을 통해 보이는 집 내부.

다혜가 문을 열어주자 말끔한 정장 차림의 희립이가

빨간색 종이 백을 들고 안으로 들어온다.

두 살배기 철호를 번쩍 안아 들고는...... 도리도리 잼잼!

외려 희립이가 재롱을 부리는 것 같다.

아무런 일 없었다는 듯이 다혜와 얘기를 나누는 희립,

철호를 다혜에게 건네주고 자기 방으로 향한다.

씬158. 희립의 방 (E) ━━━━━━━━━━

다혜   / 저기....!
희립   / (뒤돌아보면)
다혜   / 잘... 갔죠?
희립   / ...그럼! (미소)
다혜   / (편안한 미소)

젖병을 빨며 우는 철호,
다혜가 빨간 종이 백에서 비행기 장난감을 꺼내주자.
...금세 울음 뚝!

다혜   / 어이구, 우리 철호가 좋아하는 비행기,
         아빠가 사오셨네.... 부왕!

헤헤! 거리며 다혜가 휘젓는 비행기를 따라
시선을 돌리는 철호.
예전보다는 한층 밝은 표정의 다혜를 바라보는 희립.

NA   / (희립-) 모진 운명의 사슬이라고 했던가. 다시는 만날 수
         없지만, 이렇게 마무리를 저야만 했다. 내가 선택한 길이기
         에 후회는 없지만, 철호에게 아빠가 누군지 떳떳하게 말해
         줄 수 없는 현실이 안타까울 따름이다.

천천히 문을 닫는다.

NA   / (희립-) 이젠 진정으로, 철호의 아빠가 되어야겠다.... 철호
        를 위해...... 친구를 위해!

다혜와 철호의 밝은 모습이 방문이 닫으면서
더 이상 보이지 않는다.

씬159. 에필로그 (E)

[창공]
수호이의 에스코트를 받으며 나는 대한항공 여객기.
수호이가 퇴각을 한다.

[기내]
창밖을 바라보는, 사진을 보며 눈물을 흘리는
이산가족들의 가슴 아픈 모습들.
한편 비즈니스석에 앉은 국정부장은 술잔을 기울이고 있다.
275종자가 든 알루미늄 가방 위에 놓이는 술잔.

[화물칸]
짐들로 가득 찬 화물칸. 그리고 1개의 관.

민규의 관 위에 놓인 은빛귀고리 한쪽이 그나마 외로움을 달 래준다.

[창공]
멀리 태양을 향해 도도히 나는 여객기의 모습에서
타이핑되는 글귀.

'현재 275 옥수수는, 전 세계의 외세로부터 가장 안전한 곳인 비무장지대 청정지역에서, 병충해 극복을 위한 7차 우성씨앗 배양실험 중이다..... 남북한 공동 관리하에'

[비무장지대]
끝이 보이지 않는 노란 물결의 들판.
살랑이는 바람소리에 춤을 추듯
산들산들거리는 옥수수들 모습에서
밝게 웃는 어린아이 사진 한 장이 대두되면서
영화는 장엄한 막을 내린다.
타이핑되는 글귀.

'이철호는 현재 평양 인민중학교에 재학 중이다.
송철호란 이름으로....'

\#157-2